世界历史知识要领

陈春锋 编著

中国画报出版社 · 北京

图书在版编目（CIP）数据

世界历史知识要领 / 陈春锋编著 . — 北京 ：中国画报出版社，2009.12（2025.1 重印）
ISBN 978-7-80220-667-0

Ⅰ . ①世… Ⅱ . ①陈… Ⅲ . ①世界史－青少年读物
Ⅳ . ① K109

中国版本图书馆 CIP 数据核字 (2009) 第 231404 号

世界历史知识要领 陈春锋　编著

出 版 人：田　辉
责任编辑：李　刚
出　　版：中国画报出版社
地　　址：中国北京市海淀区车公庄西路 33 号，邮编：100048
电　　话：010－88417359（总编室兼传真） 010－88417359（版权部）
010－88417418（发行部） 010－68414683（发行部传真）
印　　刷：三河市兴国印务有限公司
监　　印：敖　晔
经　　销：新华书店
开　　本：700mm × 1000mm　1/16
印　　张：13
字　　数：282 千字
插　　图：400
版　　次：2010 年 1 月第 1 版　2025 年 1 月第 2 次印刷
书　　号：ISBN 978-7-80220-667-0
定　　价：78.00 元

世界历史知识要领

前言

Introduction

世界历史包括远古人类史和有史社会。远古人类还处于蛮荒时代，各方面都比较落后，本书没有作介绍。本书主要介绍了四大文明古国的灿烂文明，其他主要奴隶制、封建制国家的建立发展及近现代历史，这是人类发展最快也最有成就的时期，包含着必须了解的不同时期的政治、军事、科技、文化等方面的知识。

本书从认知角度出发编写，图文并茂，利于对知识的学习吸收；书中语言通俗易懂，能够轻松阅读；书中所选的内容，既重视全面又突出重点，通过阅读本书，可以全面地、有重点地了解世界历史；同时，本书编写过程中丢掉了“有色眼镜”，客观地叙述、讲解历史，是非曲直一目了然。

距今 7000 ~ 4000 年前，人类容易生存的河川台地相继出现了一些文明古国，如古希腊、古巴比伦、古埃及、古代中国、古印度等。这些古国有着璀璨的文明，人类今天所拥有的很多科学、文学等方面的知识，都可以追溯到这些古老文明的贡献，这是我们必须了解的重要历史内容之一。

公元前 6 世纪，古罗马奴隶制国家以罗马城为中心建立起来，从此就拉开了奴隶社会的帷幕。随后，也有一些国家逐渐发展成跨越欧、亚、非的大帝国，其文明的影响也很深远。它们给世界留下了极其深远的影响，甚至成为整个西方文明的精神源泉。

中国是最先进入封建社会的，欧洲相对晚一些。但是，这个时期，各个国家之间已经开始了一些有规模的交往，促进了

INTRODUCTION

不同地区经济、文化的发展。到了十四五世纪，世界各区域的封建制国家基本上都有了不同程度的发展。

16 世纪后，随着新航路的开辟，西欧各国向海外进行大规模的扩张，商品经济也得到了发展，为资本主义社会的形成发展奠定了基础，世界各民族的历史也开始逐渐融合为一部统一的人类历史。随后，17 ~ 18 世纪，资本主义国家开始酝酿产生，从此人类历史发生了重大的转折。18 世纪末期和 19 世纪，人们的思想越来越从迷信和盲目的信仰中解放出来，从而促进了科学和文学艺术的发展。18 世纪 60 年代，在英国工业革命的影响下，资产阶级不断壮大，资本主义国家也随后建立；19 世纪末 20 世纪初，一些资本主义国家相继进入了帝国主义阶段。

20 世纪，接连发生了两次世界大战，使得世界经济发展出现了不平衡状态。第二次世界大战以后，形成了以美国和苏联为首的两大阵营，冷战开始。但是，许多国家已经建立起了友好往来的关系，整个世界基本上处于和平发展时期。当今时代，新科技发展迅速，政治、文化、经济交流频繁，世界各国之间的关系也更加密切，全世界正面临着前所未有的大好发展时期。

学习世界历史，让我们了解过去、展望未来，拓展知识面。选择学习榜样，树立远大志向。

编 者

目录 CONTENT

第一部分 世界古代历史

第二部分 世界近代历史

第三部分 世界现代历史

第一部分
世界古代历史

第一章
厚地高天 问世间人从何来

本章的主要内容：三四百万年前，随着人类出现在地球上，人类历史就开始了。早期的人类以南方古猿为代表。南方古猿距今已有100万～420万年的历史了。随着劳动和自然的不断进化，人类逐渐从类人猿发展起来了。最初的人类在人类学中称为“完全形成的人”。中国的科学家把处于这一阶段的人类分为早期猿人、晚期猿人、早期智人和晚期智人四个阶段。随着晚期智人的出现，现代人种也就显现出来了。人类科学家把人类分成三大人种，即蒙古人种、欧罗巴人种和尼格罗人种。

有了人类就有了社会。人类最初的社会是从母系氏族开始的，因为当时妇女占主导地位。后来随着农业和畜牧业的不断发展，使得男子在经济中占有主导地位，同时，婚姻制度的进步使人们“既知其母，又知其父”。父系氏族最终取代了母系氏族。

本章内容：

人类的起源和进化历程

三大主要人种和该亚传说

氏族社会

人类的起源和进化历程

相传大约在 2300 万～ 1800 万年前的热带雨林地区和广阔的草原上，有一种古代灵长类动物——森林古猿活跃在那里，这就是南方古猿，它们是人类最早的祖先。

最早的南方古猿化石是 1924 年在南非开普省的汤恩采石场被发现的，它是一个古猿幼儿的头骨。之后，在南非以及非洲的其他地区，人类学家又发现了数以百计的猿人化石。

南方古猿生活在距今 420 多万～ 100 万年前之间。他们可以分成两种主要类型：纤细型和粗壮型。最初，一些人还认为这两种类型之间的差异属于男女性别上的差异。纤细型又称非洲南猿，身高在 1.2 米左右，颅骨比较光滑，没有矢状突起，眉弓明显突出，面骨比较小。粗壮型又叫做粗壮南猿或鲍氏南猿，身高约 1.5 米，颅骨有明显的矢状脊，面骨相对较大。从他们的牙齿来看，粗壮南猿的门齿、犬齿较小，但臼齿硕大（颌骨也

▼北京人和爪哇人是晚期智人的主要代表，从图中我们就可以看出其长相基本接近于现代人，所以晚期智人又称为新人

▼一个爱称为“露西”的早期原始人遗骨

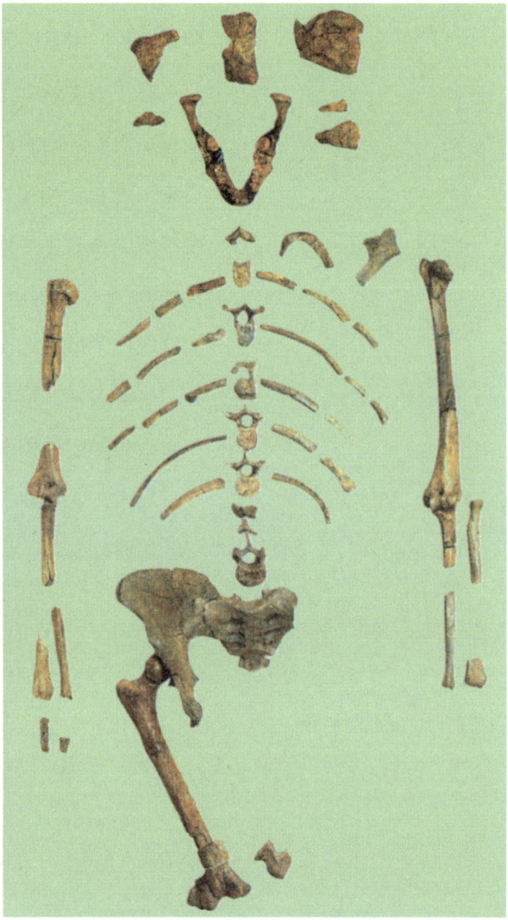

▲坦桑尼亚境内的奥杜成峡谷，人类祖先遗址

较粗壮），说明他们是以植物性食物为主的，而纤细型的南方古猿则是杂食的。一般认为，纤细型进一步演化成了能人，而粗壮型则在距今大约100万年前灭绝了。

南方古猿的枕骨大孔位于头骨的腹面，脊柱弯曲，骨盆短而宽，踝骨处于人和典型的猿之间，这表明南方古猿的骨骼支架部分已经适于直立行走。他们的手臂比较长，肩部肌肉比较发达，脚趾也很长，适于抓握。因此，南方古猿能直立行走，也能在森林中攀援，但还不适于在草原上长途跋涉和奔跑。

▼最早的人类——“能人”

猿人已懂得用火、并懂得用火将食物煮熟了吃，用

▲在非洲东部拉托利发现的脚印化石

一些石制的简单的工具来猎取和战斗。在漫长的历史岁月里，劳动创造了人，而物竞天择、弱肉强食和适者生存定律又使人类不断进化和优化。最初的人类在人类学中称为“完全形成的人”。中国的科学家把处于这一阶段的人类分为早期猿人、晚期猿人、早期智人和晚期智人四个阶段。而生存在距今30万～5万年间的智人则是我们现代人类的祖先。智人有早期智人和晚期智人之分，早期智人又称为古人，晚期智人又称为新人。

▼图为早期远古人使用的石器工具，这个时期也称为旧石器时代的早期，石器的制造方法简单，加工粗糙，形状简陋

三大主要人种和该亚传说

▲晚期智人的象牙小头像

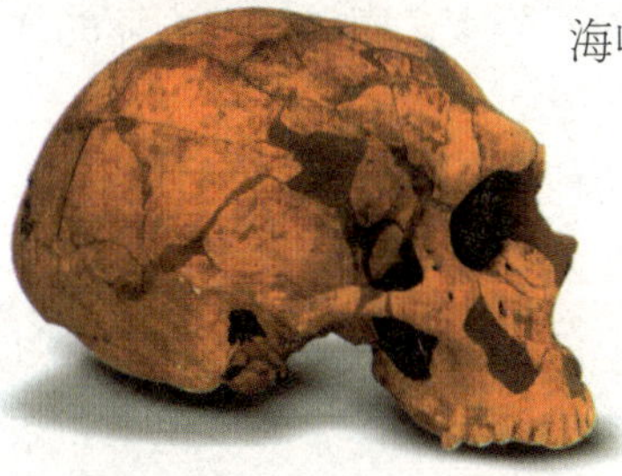

▲晚期智人的头骨

三大人种的差异 晚期智人出现的同时，现代人种也就显现出来了。人类科学家把人类分成三大人种，即蒙古人种、欧罗巴人种和尼格罗人种。人种的差异是长期不同的自然和历史条件影响的结果。各人种之间只是在体质和外部形态（如体型、眼型、发型、肤色等）方面的差异，但是在基本生理特点和智力方面并没有本质的区别。

1. 蒙古人种（黄种人）的发祥地在蒙古高原。由于大漠南北的风沙和气候，使之形成这一人种的典型特征：眼裂很小，有内眦褶。随着人口的增殖，蒙古人种不断向外迁徙：经白令海峡进入美洲的，形成为印第安人支系；进入北极圈的，形成因纽特人（爱斯基摩人）支系；留在亚洲北部的是北亚支系，其肤色一般较浅，脸庞较大，嘴唇较薄；往南迁到长江以南、直到东南亚地区的是南亚支系，其肤色较深、脸庞较小、嘴唇较厚、鼻翼较宽，部分混有尼格罗人种的特征；分布在长江以北地区的是东亚支系，体质特征介于南亚支系和北亚支系之间。

2. 欧罗巴人种（白种人）最初起源于北非、西亚和南欧，后来随着冰川后撤，逐渐向北推进便形成了南、北两个支系。北支在北欧

▼白种人：直发或波浪发，发质较柔软，胡须发达，鼻狭高，鼻孔纵径较大，正唇，口宽度小，唇薄；黑种人：波浪发或卷发，鼻宽，鼻根低矮或中等，鼻突出度小，鼻孔横径较大，凸唇，口宽度大，唇厚；黄种人：发直且硬，胡须少，鼻宽度中等，亚洲人鼻突出度小，美洲人则鼻突出度大，颧骨明显突出，脸宽大

人种形成的因素

地理环境在人类种族形成中起着重要作用，如各人种肤色的变异在地理分布上有其规律性。随着纬度的增高，太阳斜射，紫外线的辐射量减弱，人类肤色也由深变浅，由黑变白。黑色素有强烈的吸收紫外线的能力，从而起到了保护皮肤的作用，以免被过多的紫外线照射而受损伤。在人类种族发展过程中，社会因素的作用也是不容忽视的。

光照较弱、气候寒冷的条件下，肤色较浅、眼睛为灰色或浅蓝色、头发为淡黄或金黄色；而在北非、西亚和南欧的南支则肤色较深，眼睛和头发多半为黑色；在南北两支之间是中欧支系，肤色、发色及眼色介于两者之间，大体上呈褐色。

3. 尼格罗人种（黑种人）分为东、西两支。西支起源于撒哈拉以南非洲，又可细分为苏丹、班图、尼罗特和科伊桑等支系。东支称为澳大利亚人种，最初形成于亚洲南部，而后在迁徙过程中分化为澳大利亚本支，巴布亚和美拉尼西亚分支，南亚、东南亚的维达和尼格利陀分支。

世界三大人种都是在旧石器时代末期距今四五万年前开始形成的，随着时间的推移，除三大人种内部分化为众多支系以外，同时在三大人种之间还形成了一些混合类型。大体说来，在蒙古人种和欧罗巴人种之间形成了乌拉尔类型和中亚类型；在蒙古人种和尼格罗人种之间形成了阿伊努类型和波利尼西亚类型；在尼格罗人种和欧罗巴人种之间形成了南印度的达罗毗类型和东北非的埃塞俄比亚类型。这就是古代形成的混合人种类型。

▲图为大地之母的雕像，在希腊神话中，地神该亚又称大地之母，是神话中最早的神

◀图为一个默默地蹲在地上沉思的直立人，作为通常人的晚期智人的前身，直立人和现代人相比，身上还留有四肢不分和进化不全的痕迹。肤色一般较浅，脸庞较大，嘴唇较薄

该亚的传说 在希腊神话当中，一切皆从混沌开始。地神该亚又称大地之母，是希腊神话中最早出现的神，在开天辟地时，由混沌所生。之后就出现了在大地的底层塔耳塔洛斯出生的厄瑞玻斯（黑暗）和在地面出生的尼克特（夜）。

▲宙斯

厄瑞玻斯和尼克特兄妹俩结合生下了光亮和白天。接着该亚生出了天空，即是穹苍之神乌拉诺斯，乌拉诺斯和该亚结合，成为世界的主宰。他们一共生下了六男六女，即十二泰坦巨神。除此之外，他们还生了三个独眼巨怪和三个百臂巨怪。

据说当时乌拉诺斯十分讨厌子女，于是就把他们藏在该亚的体内，让他们不见天日。该亚怂恿子女造反，众子女中的克洛诺斯用该亚造的大镰刀阉割了乌拉诺斯，从而称雄世界。但从乌拉诺斯的血液中，却生出了巨人和复仇三女神。

之后，克洛诺斯和妹妹瑞亚生了三男三女。克洛诺斯惧怕被子女推翻，因此在孩子出生时就把他们吞入腹中。瑞亚伤心至极，在小儿子宙斯出世前向大地母亲该亚求救，最后逃到了克里特，然后把宙斯藏于洞穴，给了克洛诺斯一块用尿布包的石头当婴儿。

▲宙斯的妻子赫拉

之后宙斯打败了克洛诺斯，迫使他把吞下去的兄姐重新吐出来。兄姐们感谢宙斯，推他为主神。宙斯和两位兄弟波塞冬和哈得斯分割了世界：宙斯掌管天，波塞冬掌管海洋，哈得斯则掌管冥界。这就是世界的开始。

▲希腊诸神

氏族社会

▲古代欧洲原始人围猎野生动物图

有了人类，就有了人类历史。人类最初经历的是原始社会。在原始社会的早期阶段，人类的生产工具十分原始和简陋，生产力水平很低，物质极为匮乏，所有的人们必须依靠集体的力量才能够生存。最初，人们是十几个人生活在一起。他们靠采集、打猎、捕鱼来维持生活，到处游荡，没有固定居住的地方。

母系氏族 随着生产力的进步，人类逐渐定居下来。于是，人类社会就形成了氏族。因为当时好多人住在一起，所以，人们只知道自己的母亲，而不知道自己的父亲。同时妇女在采集食物或家务劳动中发挥着重要的作用，使得妇女在当时的社会中占有主导地位。所以，最先出现的氏族是母系氏族。

在母系氏族里，采集、狩猎和捕鱼都有了较大的发展，人类转入了相对定居的生活，这种情况为不同集团之间的联系提供了条件。同时，人类在实践中逐渐认识到近亲通婚的害处。于是婚姻形态就从血缘婚转入了普那路亚婚（群婚）。普那路亚婚不但禁止了不同辈分之间的通婚，而且也排斥集团内兄弟姊妹之间的婚姻关系。这一过程是逐步实现的，大约先从禁止亲兄弟姊妹之间的通婚开始，然后禁止旁系兄弟姊妹之间的通婚，到一切兄弟姊妹间甚至母方最远的旁系亲属之间的婚姻关系都被禁止的时候，就组成为一个确定的、彼此不能结婚的女系血缘集团，也就是转化为氏族了。由此可见，氏族是与族外婚同时出现的。在氏族制度下，它的成员只有在氏族之外才能找到通婚的对象。因此氏族不可能单独产生，它是和部落同时出现的。两个以上互通婚姻的氏族构成为一

▼欧洲早期智人使用的石器工具，可见当时人类主要是以狩猎来维持生活

▲图为原始人的狩猎活动，从图中就可以看出人们最初生活在几十人组成的小集体中，他们主要是靠狩猎、采集等来维持生活，而且为了狩猎、采集，四处游荡，居无定所

个部落。

在这个时期，原始农业和畜牧业都出现了。但是生产力水平毕竟还是很低的，人们仍然需要依靠集体的力量才能求得生存，因此除了个人使用的工具之外，一切财产都归公有，生产和消费都建立在集体的原则之上。

父系氏族 随着社会经济的发展，犁耕农业和畜牧业成为主要的生产部门。男子无论在农业劳动和畜牧业劳动方面都处于主导地位，而妇女的家务劳动则变得无足轻重了。男子在生产中地位的提高，改变了他们在氏族中的地位。同时也使他们产生了改变传统的继承制度以利于自己子女的意图。于是原来以母系为中心的氏族制度被推翻了，代之而起的是父系氏族（也称父权制氏族）。

在父系氏族里，世系按父系计算，财产按父系继承，母权制时代的居妇家制变成了居夫家制，过去那种不稳固的对偶婚也逐步过渡到一夫一妻制了。

▼鹿角制投矛器，从图中的两种简单的工具就可以看出原始人类的生产工具十分简陋，生产力水平很低，物质极为匮乏

父系氏族的基本社会经济细胞是家长制大家族（家庭公社），一个父系氏族由几个家长制大家族组成。土地虽然仍归氏族所有，但耕地已分配给各个家长制大家族使用。大家族的成员包括一父所生的几代子孙及其妻子儿女，他们共同居住，共同生产，共同消费。族长往往是年长的男子，他们是生产的领导者和组织者。氏族的首领也改由男子担任。从此，男子在社会上居于支配地位，而妇女则逐渐失去与男子平等的权利，变成卑微的家庭奴婢。

▼原始人打制的石器

▼图为男子造船的画面，当时男子在经济生活以及公共事务中已取代了妇女的主导地位

古代浮雕

第二章

浩浩荡荡 且看人类五千年

本章的主要内容：在4500年前为古埃及法老（即国王）建成的大大小小陵墓金字塔，迄今已发现110座，大多建于埃及古王朝时期。公元前18世纪，古巴比伦王国的国王汉谟拉比统一了两河流域，建立起中央集权的奴隶制国家，还制定了现存的世界上第一部比较完备的成文法典。到了公元前3世纪之后，在印度形成了严格的等级制度，这就是历史上的“种姓制度”。

随着爱琴文明的出现和衰亡，开始出现一些由希腊人建立的城邦，其中最主要的就是斯巴达和雅典。这一时代的雅典民主政治制度，为后世提供了一个值得参照的政体形式，为人类文明中的政治组织形式的发展和完善指出了一条道路，被后人称为古希腊文明的摇篮。

导致罗马共和国兴盛与衰落的一个重要转折点就是布匿战争。其后果就在这一文明形成之时，国家最初的形式一般都是小国寡民的城邦，继之是地域性的王国，然后是大一统的帝国。这是世界早期历史发展的一般规律。罗马共和国灭亡之后取而代之的是罗马帝国，而罗马帝国的兴衰将古代西方的历史又带到了中世纪。

本章内容：

大河流域的文明

▲黄金面具盖在木乃伊的面部，根据埃及的神话传说，木乃伊是人死后灵魂的安息处

古代埃及的金字塔 非洲东北部，尼罗河蜿蜒北流，每年河水定期泛滥。水退后，留下肥沃的黑土，便于农业种植。约从公元前3500年开始，河流两岸陆续出现了几十个奴隶制小国。公元前3000年左右，古代埃及初步统一。

埃及的国王自称是神的化身，他们不仅仅满足于生前统治着人世，还幻想死后复活成神，仍是阴间的统治者，永远庇护着他们的子孙后代。根据埃及的神话传说，只有保存好尸体，灵魂才有寄托的地方，才能复活。因此，他们把尸体挖去内脏，浸以防腐剂，填以香料，然后用麻布裹紧。这种可以保存很久、很久的尸体叫做“木乃伊”。金字塔便是存放木乃伊的地方，是他们死而“复活”后的“永世的城堡”。这便是每个国王继位后就着手为自己建筑陵墓的宗教方面的原因。

埃及的金字塔建于4500年前，是古埃及法老（即国王）和王后的陵墓。陵墓是用巨大石块修砌成的方锥形建筑，因形似汉字“金”字，故译作“金字塔”。埃及迄今已发现大大小小的金字塔110座，大多建于埃及古王朝时期。

最大最有名的金字塔是位于开罗西南面的吉萨高地上的祖孙三代金字塔。它们是大金字塔（也称胡夫金字塔）、哈夫拉金字塔和孟考拉金字塔，与其周围众多的小金字塔形成金字塔群，为埃及金字塔建筑艺术的顶峰。其中以第四王朝第二代国王（法老）胡

▼古埃及的雕塑

夫的金字塔规模最大。金字塔约用巨石 230 万块砌成，平均每块重约 2.5 吨。塔底占地约 52900 平方米。绕大金字塔一周，约有 1000 米。胡夫的儿子哈夫拉的金字塔，比胡夫的大金字塔低 8 米。塔旁有一座巨大的狮身人面像，高 22 米，长 57 米，一只耳朵就有 2 米长。它是用一整块天然巨石雕成的，面部是哈夫拉的脸型。建筑雄伟壮观的金字塔和威风凛凛的狮身人面像，其目的也在于使人们相信，国王凌驾一切的权威是永世不可动摇的，妄图以此震慑人们的心灵，维护奴隶主专政。

▲埃及法老阿美诺菲斯二世，金字塔的建造者；金字塔是人类建筑史上的奇迹，是古代埃及劳动人民卓越智慧和辛勤劳动的不朽纪念碑

建造大金字塔耗费了大量的人力和物力。建筑胡夫的金字塔时，有 10 万人头顶烈日在监工的皮鞭之下劳动，整个工程历时 30 年。金字塔是人类建筑史上的奇迹，是古代埃及劳动人民卓越智慧和辛勤劳动的不朽纪念碑。同时，金字塔也是无数劳动人民血汗的结晶，它给古埃及人民带来了无尽的苦难。

那时，埃及的首都叫孟菲斯，就在今埃及首都开罗以南不远的地方。大大小小的金字塔就屹立在那里。大约从公元前 22 世纪到公元前 16 世纪，埃及先后经历了两次较长时间的分裂和混乱，而且还遭到了外族的入侵。后来又以南方的底比斯为中心重新建立起王国。公元前 15 世纪国王图特摩斯三世在位时，埃及的国力强盛，不断地对外征

▼狮身人面像和金字塔

▲以楔形文字书写的《汉谟拉比法典》正文

战，疆土一再拓展，成为地跨亚非两洲的军事帝国。但是200年以后，帝国由盛而衰。以前被征服的一些地区逐渐摆脱了埃及的控制。直到公元前6世纪，埃及被西亚的波斯灭亡。

《汉谟拉比法典》 在亚洲的西部，有一条狭长的地带，这就是"新月沃地"。沃地的东部，幼发拉底河与底格里斯河并行奔流，因而被称为两河流域。它是人类文明的又一个摇篮。

大约在公元前3500年，两河流域的南部出现了苏美尔奴隶制小国。之后，又形成了几十个奴隶制的小国。公元前18世纪，古巴比伦王国的国王汉谟拉比统一了两河流域，建立起中央集权的奴隶制国家。

为了维护奴隶主阶级的利益，汉谟拉比制定了世界上现存的第一部比较完备的成文法典，史称《汉谟拉比法典》。它是古代东方文明最具典型意义的法典，它公开维护不平等的等级制度，保护贵族统治阶级的利益，也是古代东方专制政治的产物。

法典条文共有282条，刻在一块巨大的石柱上，具体规定：如奴隶可以任意买卖，也可用来抵债；如果奴隶敢对主人说："你不是我的主人"，那奴隶的耳朵就会被奴隶主割掉；如果理发师不经过奴隶主的同意，就把奴隶头上的奴隶标记剃掉，理发师的手就要被奴隶主砍掉；等等。

印度的种姓制度 在亚洲南部，印度河曲折南流。公元前2500年，这里开始出现一些奴隶制的小国。后来，雅利安人部落从西北方向侵入古代印度，征服了当地的居民，在印度河流域和恒河流域建立起了奴隶制国家。公元前3世纪，摩揭陀国统一了除南端以外的整个印度半岛。但是，不久印度又陷入分裂。

雅利安人进入印度后，内部逐步分化，形成了严格的等级制度，史上称为"种姓制度"。根据这种制度，古代印度形成了四大原始种姓，即婆罗门、刹帝利、吠舍、首陀罗。

◀图为古代印度社会所分的四个等级的人物形象，当时就是根据"种姓制度"，古代印度社会自上而下分为了四等级，即婆罗门、刹帝利、吠舍、首陀罗

婆罗门教由最初的吠陀宗教统一而来，该教以崇拜贺摩（梵天）而得名。他们认为梵天是世界的最高主宰，一切万物皆由梵天所造。在其统治过程中，为了巩固最高种姓（婆罗门）的政权，捏造了所谓的不洁理论，声称人体从肚脐以上，被宣布为较为“干净的部位”，而口则被认为是“最为清净的部位”，而婆罗门正是由梵天的口所创造的，即“生来与梵天一体”，便理所当然地自认为是人类中最优秀、最高贵的人，属于第一等级，享有世上的一切，掌握神权。

第二等级：刹帝利，由梵天双手创造，即王公贵族与武士集团。一、二等级掌握着国家的祭祀与军政大权。

第三等级：吠舍，由梵天双腿所造，属于普通的劳动者阶层，包括商人、手工业者、自由农民等，享有一定的自由权利，并负有向国王纳税的义务。

第四等级为没有任何特权的首陀罗，由梵天双足创造，是最不洁的。主要由雅利安人所征服的土著居民和失去土地的人构成，从事奴隶与雇工等劣等、低贱的职业。

虽然，首陀罗已是处在最低的社会阶层，但还有相当一部分人地位更可怜、更悲惨，这便是随着劳动分工的进一步发展，而派生出的亚种姓与杂种姓人（旃陀罗）。他们被称为“不可接触的贱民”，他们被严格禁止与各种种姓成员发生任何肉体上的接触，在最极端的时期，甚至不能进入某些人的视线。他们只能从事被认为不洁的行业，如刽子手、屠夫、掘墓人、清洁工等。印度的种姓制度是雅利安人入侵南亚次大陆以后所形成的一种极为特殊的等级制度，它人为地把人分成世袭不变的等级，并且在以后的历史发展中不断强化，种姓制度在今天的印度虽然已经被废除，但它所形成的价值观念和消极影响至今仍在阻碍印度的社会进步。

▼图为 1932 年印度贱民反对种姓制度的游行，种姓制度形成于印度上古时期雅利安人国家出现阶段，它在历史上持续了数千年之久

西方文明之源

希腊半岛山峦起伏，海岸曲折，东临爱琴海，海上岛屿星罗棋布。希腊早期文明——爱琴文明就在公元前 2000 年左右，发祥于爱琴海南端的克里特岛，后来又以迈锡尼为中心快速发展。爱琴文明历时约 800 年，当时出现了一些奴隶制城邦，有的盛极一时。后来，一批相对落后的部落从北方进入希腊南部，城邦被毁，爱琴文明没落了。

古代希腊城邦 公元前 8 世纪，希腊本土和小亚细亚西海岸开始出现一些由希腊人建立的城邦，其中最主要的就是斯巴达和雅典。

斯巴达地处希腊的南部，来自北方征服者的后代在这里居于统治地位，他们称自己为斯巴达人，被征服的居民都沦为国家奴隶，并被分配给斯巴达人，为他们种地。斯巴达崇尚武力，其社会就像一个军营。它用强兵威胁邻邦，扩张自己的势力。

▼迈锡尼文化的牛头艺术品，体现了希腊早期文明的发展

雅典地处沿海地区，海上的交通便利，工商业比较发达。人们崇尚文化，所以他们的眼界也比较开阔。公元前 6 世纪，雅典成为著名的奴隶制共和国。

雅典民主政治 雅典的民主制由于先天的理性缺失而变成新的暴政专治，民主的理想最终成为非理性政治和暴民政治。雅典直接民主制的局限——人民的决定不一定都合乎理性，他们很可能盲目行事，也往往会意气用事。由于人们的决策往往建立在个体的感觉、体验和情绪之上，人数多不一定能产生理性、正义和民主。

基于理性的反省和批

◀雅典卫城，雅典是希腊文化的中心，卫城又是雅典的中心，该城是雅典民主政治和古典文化的象征

▼迈锡尼墓葬中出土的纯金面具，这足以表明当时光辉灿烂的文化

◀希腊的政治制度图，从图中我们就可以看出当时雅典的奴隶主民主政治也发达到古代世界的高峰

判，古希腊哲学家苏格拉底反对“无限民主”和“直接民主”，主张“精英民主”，而且他清楚地看到，如果多数人的统治不被限制，民主的理想就会成为一种新的专制权力的根据。多数的无限权威意味着多数的权力泛滥，因为，一旦多数拥有了无限的权威，那么任何持有与多数不相同的见解的个人或数量上处于弱势的群体的意见，便很难得到尊重和保护；多数可以不让少数陈述意见，可以随意地否定少数的意见，甚至可以任意处置少数，而少数人受到不公正的待遇却无处申冤。更糟的是，多数的无限权威将为不断反复的、冤冤相报的暴行种下祸根——今天可以任意处置少数人的多数人，明天则有可能成为被另外的多数所随意处置的少数人，这将使社会最终处于一个不稳定状态。很显然，苏格拉底已经超越了古希腊的民主理论，为近代自由民主理论的产生奠定了基础。他身后千百年来在世界各地都发生过的一些事件就说明了无限的民主和直接的民主实际上正是对人权最有杀伤力的践踏，多少政客和暴君借民主之名煽动民众消灭自己的对手，实行恐怖政策，最后民主的空壳下是独裁和暴政。

雅典民主政治的价值和意义就在于：它为后世提供了一个最值得参照的政体形式，为人类文明中的政治组织形式的完善指出了一条道路。从专制到民主是人类历史发展的必然趋势。以后的西方文明在众多方面都承袭了希腊文明的许多因素，由此希腊文明成为西方文明的摇篮。

▼雅典神庙遗址，反映了当时高超的建筑水平

罗马共和国的兴衰

▲罗马共和国时代的公民的塑像

在意大利半岛的台伯河畔，罗马城逐渐建立起来了。公元前509年，罗马成为了共和国。最初，罗马共和国的最高行政长官都由贵族担任，贵族组成的元老院掌握着统治实权。它是奴隶主贵族专政的国家。

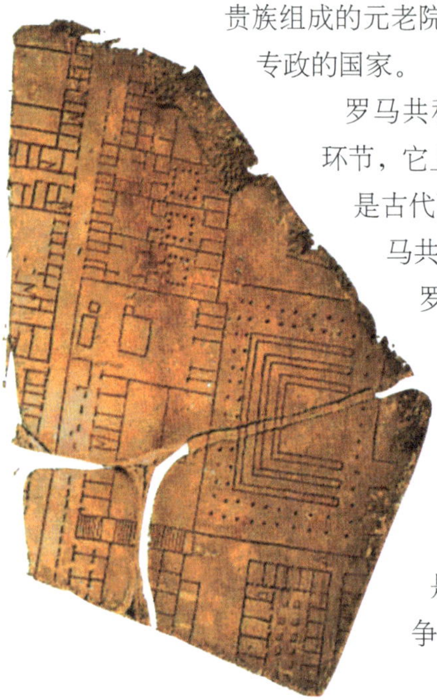

▲公元前2世纪末的罗马城市布局图的残片

罗马共和国的兴衰是罗马历史中最重要的环节，它上承“王政时代”，下启罗马帝国，是古代西方历史发展的社会转型期。布匿战争则是导致罗马共和国由兴盛到衰落的一个重要转折点。布匿战争是罗马征服地中海世界最为关键的一次战争，也就是在取得布匿战争胜利后，罗马基本上完成了对地中海地区的征服，从此成为西方世界的统治者。

布匿战争 公元前264—前146年古代罗马与迦太基之间发生过三次战争。罗马人称迦太基人为“布匿”，故名。第一、二次布匿战争是作战双方为争夺西部地中海霸权而进行的扩张战争，第三次布匿战争则是罗马以强凌弱的侵略战争。

第一次（公元前264—前241年）：公元前3世纪时，迦太基是地中海西部强大的奴隶占有制国家。罗马于公元前3世纪上半叶统一意大利后，与迦太基形成对峙之势。两国争夺西西里岛导致第一次布匿战争爆发。这次战争的导火线是“墨西拿事件”：在皮洛斯战争期间，叙拉古雇佣军中的一批意大利人强占了西西里岛东北端的墨西拿。公元前265年，因与叙拉古僭主发生冲突而处于不利形势，这些意大利人分为两派，分别求助于迦太

▼图为战斗中负伤的罗马士兵，战争是非常残酷的，一场激战后往往死伤无数

基和罗马。迦太基抢先控制了墨西拿。

第二次（公元前218—前201年）：公元前237年，迦太基将领哈米尔卡·巴卡率军渡海进入西班牙东南沿海地区，进而扩充势力。至公元前221年其子汉尼拔执掌军权时，埃布罗河以南地区已为迦太基人控制。公元前219年，汉尼拔攻占与罗马结盟的萨贡图姆，翌年与罗马再次发生战争。

▲古罗马时期的精美艺术品

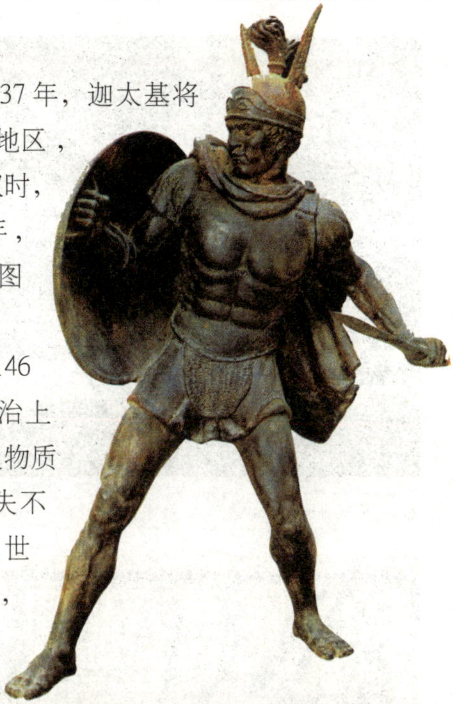

▲公元前4世纪的拉丁战士，从图中可以看出当时士兵的英勇奋战的精神

第三次（公元前149—前146年）：迦太基战败后，在政治上一蹶不振，但在商业以及物质财富的积累方面损失不大，到公元前2世纪时又迅速复兴，招致罗马的忌恨，决心消灭迦太基。公元前150年努米底亚国王马西尼萨进犯迦太基，后者被迫自卫。罗马借口迦太基破坏和约，于公元前149年向迦太基宣战，第三次布匿战争开始。罗马军队在北非登陆后，迦太基曲意求和，答应交出人质和武器。但罗马提出极为苛刻的条件：拆毁迦太基城，居民迁至距海至少15公里远的内地等。迦太基人愤然拒绝，起而抵抗。罗马军队围攻迦太基城两年未拿下。公元前146年春，迦太基发生饥荒，疾病流行，罗马军终以强大兵力破城而入。迦太基陷落后，城市被夷为平地，25万居民经过战争幸存下来的约5万人，均沦为奴隶。罗马在迦太基设置了阿非利加行省。至此，独立的迦太基国家便不复存在了。

在前后历时百余年的战争期间，罗马在与迦太基及其盟友的反复争斗中，占领了欧、亚、非的广大地区，掠夺了大量奴隶和财富，这对罗马奴隶占有制社会内部阶级关系的变化、经济的发展以及地中海地区后来的历

▲伊特拉斯母狼，母狼是罗马图腾，是象征战神的神圣动物，它拯救了罗马城的创建者罗慕洛和勒莫（双胞胎），成为罗马城的象征

▲古罗马斗兽场一角

▲匈奴王阿提拉，其在横扫欧洲时，给罗马人造成了沉重的打击

◀禁卫军的浮雕，罗马帝国后期政治危机中，禁卫军扮演了重要的角色

史命运，都产生了巨大影响。

罗马帝国 长期征战结束后，罗马的奴隶制迅速发展。社会的每一个角落里都有奴隶，他们的处境非常悲惨。公元前 73 年，角斗奴隶不堪忍受折磨，终于在斯巴达克的领导下举行了大规模的起义，震撼了共和国的统治者。

之后，严重的社会危机激化了社会的矛盾，共和制度再也无法统治地域广阔、矛盾复杂的罗马世界。军事强人都希望独裁统治，稳固统治。公元前 49 年，恺撒夺取政权。他的某些政策，触动了元老贵族的利益，因此遭到他们的谋杀。公元前 27 年，罗马进入了帝国时期。

在安定和繁荣的形势下，统治阶级日益奢侈腐化，而广大的农民却难以生存，境况十分悲惨。公元 395 年狄奥多西一世死后，帝国分裂为东罗马帝国和西罗马帝国两部分。

在西罗马帝国，经济不断出现危机，人口减少，田地荒芜，城乡萧条。公元 410 年，西哥特人占领罗马。452 年，匈奴王阿提拉进兵意大利。455 年，汪达尔人再陷罗马城。先后建立起西哥特王国、汪达尔—阿兰王国、勃艮第王国和东哥特王国等蛮族国家。476 年 9 月，日耳曼人入侵，其雇佣兵首领奥多亚克废黜最后一位君主罗慕卢斯 · 奥古斯图卢斯，西罗马帝国宣告灭亡。

东罗马帝国一直延续至公元 1453 年，为奥斯曼帝国所灭。其历经了人民起义和外族入侵以及内部的一系列社会变革，于 7 世纪左右进入封建社会。

第三章

因时造势
看文明发展徘徊

中古亚欧文明，处于古罗马文明与文艺复兴两个文明高峰之间。

本章的主要内容：公元 646 年，日本仿效了中国隋唐的制度，孝德天皇颁布改新诏书，进行了大化革新。西罗马灭亡后，欧洲的封建制度逐渐形成和发展起来了，这也是封建制度占统治地位的时期。当时的封建等级制度分为五个：国王、大贵族、中等贵族、骑士和农奴。直到 11 世纪以后，封建社会进入了发展阶段，促使西欧城市普遍兴起。与此同时，东罗马帝国还在独立发展（东罗马帝国的首都是拜占庭）。14 世纪初奥斯曼帝国兴起，不断侵犯拜占庭领土，最后使其居于君士坦丁堡一隅之地。1453 年奥斯曼苏丹穆罕默德二世攻陷君士坦丁堡，拜占庭帝国灭亡。

本章内容：

日本的大化革新

西欧的封建国家

拜占庭帝国的衰亡

日本的大化革新

▲日本的武士，到了10世纪中期，庄园的数量已经十分可观，各地的庄园主为了维护自己的统治，蓄养了一批武士；武士的力量不断增大，地位不断提高，逐渐形成了一个特殊的武士阶层

很早以前就有居民居住在日本列岛。公元1世纪前后，日本就开始出现一些奴隶制国家。后来，本州岛中部兴起了一个比较强大的奴隶制国家大和，经过不断扩张，到5世纪基本上统一了日本。大和的最高统治者被称为大王，后来又改称为天皇。

7世纪时，日本奴隶社会的各种矛盾非常尖锐，政局混乱。646年，孝德天皇颁布改新诏书，仿效了中国隋唐的制度，进行了改革。因孝德天皇的年号是大化，所以，这次改革就叫"大化革新"。

大化革新，第一效法隋唐的均田制，实行"班田收授法"。班是分和赐的意思，即废除贵族对土地和部民（大和时代在皇室或豪族支配下从事农业、手工业的半自由民）私有，改土地、部民为国有。国家计

▼日本母子图，这是7世纪的绘画，在当时日本出现了许多著名的书法家，比如僧人空海等，另外日本的绘画也受到了唐朝的影响，出现了"唐绘"；后来，日本又出现了"大和绘"画派，"大和绘"多把故事画成连环画，或画在屏风上，或画在扇面上

口授田，对六岁以上公民，每六年按人口把田分给农民，男子每人二段（约相当于 2.3 公顷），女子为其 2/3，奴婢受田相当于自由民的 1/3。所班的田地不得买卖，死后归还政府。

第二关于租税，效法唐朝租庸调制，受田农民必须向国家交谷（租），服劳役或纳布代役（庸），交地方土产（调）。

第三确立中央集权国家制度。中央设二官（神官，掌握祭祀；太政官，管理政务）、八省（分别管理官吏任免、对外事务、民政、刑法、财政等）、一台（弹正台，掌握对官吏的监察）；地方设国、郡、里。废除世袭贵族的特权和称号。

第四兵制方面，京师置五卫府，地方设军团，公民服兵役，废除豪族世袭控制军事的特权。

大化革新是日本从奴隶社会向封建社会过渡的一个重要的标志。此次改革废除大豪族垄断政权的体制，并向中国皇帝体制学习，成立古代中央集权国家，进而给日本带来了巨大的变革。

▶日本寺庙中的观音像，当时的日本吸收了中国的文化，在教育、宗教等方面，日本都受到了中国的影响；佛教传入日本后，发展很快，成为了国教，公元 7 世纪，日本建立了著名的法隆寺和东大寺等佛寺

西欧的封建国家

▲9世纪时的欧洲骑士头盔，反映当时冶铁技术已经有了很大发展，铁器是促进封建社会发展的主要生产工具

西欧的封建社会 西罗马帝国灭亡后，西欧的封建制度逐渐形成，大约到公元9世纪开始确立。但是，土地是主要的财富，国王和大封建主层层向自己的臣属分封土地，而受封土地的人要效忠封主，为他打仗，这样社会上就出现了许多的封建主，他们主要依靠剥削农奴为生，大的封建主势力很大，有的甚至可以与国王抗衡。

在当时的社会里，拥有权力最大的就是国王，接着是大贵族、中等贵族、骑士（骑士是最低层的封建主，土地不多，自备武器、战马，随封建主出征）。最底层的就是农奴、自由农民和城镇平民。封建主的土地，一部分留给自己，一部分租给了农奴，农奴除了耕种自己租来的土地，每星期必须用三天的时间无偿耕种封建主的土地。农奴每年还要交租，并承担各种劳役，例如为封建主盖房、修桥、筑路等等。所以说当时农奴的生产积极性不高，当时的生产效率低下，可用来出售的剩余产品也很少。

到了11～12世纪，西欧的封建社会进入了发展阶段，人口增加，土地面积也扩大了。同时，农作物的增产使商业活跃起来，也给城市带来了活力。巴黎和伦敦不但是政治中心，而且是商贾云集的都市。意大利的威尼斯、热那亚空前繁荣起来，14世纪佛罗伦萨的工场手工业也兴旺起来。意大利工场手工业的兴起和发展，标志着那里的某些城市已经稀疏地出现了资本主义生产的最初萌芽。15世纪，英国和法国都发展为中央集权国家，但是德意志和意大利却长期处于四分五裂的状态。

▼西欧的封建等级，图为两个身份低下的农民正在为两个骑士让道

查理·马特改革 查理·马特（688—741）出生于法兰克王国贵族家庭，他的父亲是法兰克王国宫相赫里斯塔尔·丕平。他不仅是一位杰出的军事家，还是卓越的政治家。公元732年，依靠自己建立的骑兵，查理·马特打败了入侵的阿拉伯人，收复了被占领土。最后为了改变法兰克王国的面貌，他采取了大刀阔斧的改革措施。

他的改革废除了无条件分赠土地的制度，推行采邑制。他还把没收回来的土地和一些教会的土地分赠给贵族，但他们必须要为国王服兵役，要履行臣民的义务，宣誓效忠；同时，采邑的赐予者也有义务保护忠心效力的受领者，使其不受他人的侵害。他还规定采邑不得世袭，只限终身，而且如果受领者不履行义务或者死亡，赐予者有权收回采邑，终止封授关系，要是继续以前的关系，则必须重新分封。

这次改革，对法兰克王国的发展和西欧历史的发展都有着极其重要的影响，它确立了以土地和服役为基本条件的臣属关系，削弱了贵族势力，加强了王权，有利于社会的稳定和统一。采邑制推行之后，中小封建主都要服兵役，他们自备马匹，装备精良，构成了新型的骑兵，奠定了西欧中世纪骑士制度的基础；法兰克王国以后正是依靠这支骑兵，建立起强大的查理曼帝国。更为重要的是这次改革对欧洲中世纪社会关系的形成起着决定性的作用，欧洲中世纪那种国王、大封建主、中小封建主之间层层分封的模式，就是采邑制确定的。随着改革的深入，法兰克王国的实力大增，查理·马特的权势也增加了，他实际上已经超越国王，成为法兰克王国的实际统治者。事实上，他也为正式接管法兰克王国在做准备。

▲封授仪式，在当时土地和效忠是中世纪欧洲社会封建主与封臣之间联系的纽带，封授仪式是封臣效忠于封建主的见证

▲法国庄园中的贵族生活，贵族是当时封建社会的特权阶级，他们拥有大量的封建庄园，依靠剥削广大的农民来维持豪奢生活

▲图为法兰克王朝时代的象牙雕刻，当时在法兰克王朝，雕刻艺术已经有了空前的发展

▲战争是历史长河中最常见的事件，中世纪时的欧洲战争更为频繁

"丕平献土" 6世纪左右，教皇之间以及教皇同世俗政权之间的争权夺利，加大了人民的苦难。一些有识之士如但丁、奥卡姆纷纷起来批判关于教皇统治权的理论，否定教权凌驾于政权之上的权威性。这些对后来16世纪的宗教改革也产生了一定的影响。

教皇与世俗统治者争权角逐更为激烈。在西欧长达1000多年的封建时期，教会与世俗政权互相利用和斗争，对基督教的发展有重要影响。

8世纪中叶，矮子丕平统一法兰克王国，教皇撒迦利亚派大主教卜尼法斯前往祝福，并为封他为国王而举行膏油礼；丕平则将拉文那到罗马的大片土地赠给教皇作为酬谢。史称"丕平献土"。"丕平献土"标志着教皇国的开始。

公元800年，教皇利奥三世又为报答丕平之子查理曼（"查理大帝"）对他的支持，为其加冕称帝。此后，教会为提高教皇势力，摆脱世俗政权的控制，利用《伪伊西多尔教令集》宣称教会拥有高于国王的权力。教、俗争权更趋尖锐。从11世纪末叶教皇格列高利七世与德皇亨利四世展开主教续任权之争开始，其后200年间，教皇与皇帝进行了激烈复杂的斗争。到13世纪教皇英诺森三世在位时（1198—1216），教廷权势达最高点。

▼图为贵族跪迎教皇的壁画，反映了当时教皇具有很高的地位。

▼查理曼帝国的水晶工艺品，上面刻有圣经故事画面

拜占庭帝国的衰亡

西罗马帝国灭亡后，东罗马帝国继续独立发展。东罗马帝国的首都是君士坦丁堡，原称拜占庭，因此，东罗马帝国也叫拜占庭帝国。拜占庭帝国以巴尔干半岛和今天的土耳其为中心，疆域环地中海，地跨欧、亚、非三大洲。

▲希腊火，在抵抗阿拉伯人时拜占庭的秘密武器

君士坦丁堡是东罗马帝国的首都，当时城防工事十分坚固，真可以说是铜墙铁壁，固若金汤。要想攻破它，确实是有点儿异想天开。

然而，就在15世纪的一次战争中，它竟出乎意料地被奥斯曼土耳其人攻破了。这是中世纪战争中最激烈最悲壮的一次。交战以前，双方都为战争做了充分的准备。土耳其国王穆罕默德二世亲率十万大军和300艘战舰，将君士坦丁堡围得水泄不通，决心拿下这座历史名城作为伊斯兰教的中心。君士坦丁堡的军民也孤注一掷，誓与古城共存亡。他们尽一切可能加固工事，除了在西面筑了两道坚不可摧的城墙之外，还在城墙上每隔百米筑一个堡垒，墙外挖了很深的护城壕。在城北金角湾的入口处，他们用粗大的铁链横锁水面，使任何船只都无法驶入。在城东城南面临海湾敌人很难接近的地方，他们也筑起了坚固的城墙。在决一死战的紧张气氛中，战争于1453年4月6日正式爆发了。

▲君士坦丁大帝，君士坦丁大帝废除了四帝公治制，使得皇权得到加强

土耳其人首先从西面猛攻，他们用重型大炮对城墙狂轰滥炸，然后便扛着粗大的树干，滚动巨大的木桶，向护城壕冲去，企图把壕沟填平，却遭到了城头枪炮的严厉打击。

▼拜占庭宗教雕刻艺术品

强攻不行，土耳其人便打算挖地道，不料地道还没挖完，就被当地居民发现，他们用炸药将地道炸毁了。土耳其人见此计不成，又决定使用攻城塔车，在车上筑起塔堡，里面藏有炮火和弓箭手，还有一架用滑轮升降的云梯。他们满以为这下一定可以出奇制胜了，可是当塔车靠近城墙时，守城的官兵就往塔车内猛投蘸满松脂的火把，将塔车烧着，并用大杆推倒云梯，致使他们又遭惨败。

▲四帝像，公元前 284～305 年在位；罗马的皇帝戴克里先当时把帝国分为了四个地区，分别由他和他的三个助手统治

由于屡战屡败，伤亡惨重，穆罕默德二世不得不重新制订新的进攻计划。后来，他发现城北的金角湾水面不宽，东罗马人主要依靠铁索横江来阻挡进攻，倘若能绕过铁索，从水路登陆，进行偷袭，定能在敌军毫无防备的情况下攻破城池。然而，如何使船只绕过铁索抵达城下，却是一件颇费踌躇的事。穆罕默德和部下苦思冥想了很久，终于想出了一个旷古未闻的妙计奇策。

他派人用优裕丰厚的报酬收买了那里的商人，从而在加拉太北面铺设一条陆上船槽。船槽是用厚厚的木板铺成的，由高往低的滑行面，槽底又涂上很厚的一层牛羊油脂。靠着这条船槽，土耳其人经过一夜的努力终于奇迹般地将 80 艘战船拖运到了金角湾的侧面。在那里他们架起了浮桥，筑起了炮台，向君士坦丁堡发动了新的攻势。

▲罗马皇帝戴克里先的头像

当炮声轰轰地在北城墙外震响时，城中的官兵惊呆了，他们做梦也没料到金角湾这边会出现土耳其兵。于是，手忙脚乱地从两线撤兵增援，而将西面的防守交给了来援的士兵。这样一来，东罗马军的兵力便分散了，而担任西城墙防守任务的热那亚士兵又不熟谙地形、地势，致使防卫日趋危急。在土耳其军连续不断的炮轰下，西城墙终于被打开了一个缺口。

穆罕默德二世看见胜利在望，于是向手下的士兵们大喊道："勇敢的将士们，虔诚的穆斯林们！城墙已被打开了缺口，我将给你们一座宏伟而富庶的名城，古罗马的首都，世界的中心，任你们抢劫，你们将成为腰缠万贯的大富翁，勇敢地冲进去吧！"

▼拜占庭文化风格的圣母和圣子图，从这就可以看出当时文化以及宗教的发展已经有了相当大的进步

话音刚落，土耳其人便发疯般地向城里冲去，可是连攻了两次都败下阵去，最后穆罕默德二世亲自上阵，全力以赴，才冲了进去。君士坦丁堡终于陷落了。

昏庸无能的君士坦丁皇帝见土耳其的旗子在城堡上空飘扬，便夺路而逃。在逃跑的路上被土耳其士兵当场杀死。

土耳其士兵在城里连续三天三夜大肆烧杀抢掠，许多的珍贵文物被抢被烧，丧失殆尽。不久，奥斯曼土耳其帝国迁都君士坦丁堡，并将城名易为伊斯坦布尔。这个名称一直沿用至今。

君士坦丁堡的陷落，标志着延续千年之久的拜占庭（罗马帝国）从此覆灭了。当然，它的陷落也向统治者们发出了警告：如果不修内政，荒淫腐化的话，再坚固强大的城防工事都不足以维护其长治久安。

第四章
攻城略地 总有强国争扩张

本章的主要内容：随着封建制度的确立和发展，各国社会和文化也在缓慢地向前发展。首先讲的是世界古代史的三个基本史实：希波战争、亚历山大大帝东征以及罗马征服地中海世界。

接着就是在世界古代史时期，从人类文明出现到 15 世纪，亚洲和欧洲之间的接触和交流就不断地加强，例如马可·波罗来华。

最后讲的是我们现在常用的数字符号系统，是印度—阿拉伯数系。之所以用印度和阿拉伯命名，是因为它是印度人发明的，又由阿拉伯人传到西欧的。

本章内容：

古代世界的战争故事

东西文化的交流

古代世界的战争故事

希波战争 在希腊城邦向地中海沿岸扩展的同时，西亚的波斯帝国也在扩张，强大的波斯帝国征服了小亚细亚半岛上的艾奥尼亚等希腊诸邦。

▲大流士一世之墓，大流士是波斯的国王

公元前 499 年，小亚细亚半岛上的米利都等希腊城邦发动起义，得到雅典的支持。波斯国王大流士一世在镇压起义后，就准备进攻雅典。公元前 490 年，波斯大军渡海西侵，但在马拉松战役中被人数居于劣势的雅典重装步兵击败。希腊人赢得了第一次希波战争的胜利。

公元前 480 年，波斯国王薛西斯一世率 50 万大军再次进攻希腊。希腊各城邦也结成同盟，共御强敌。希腊联军的陆军以斯巴达人为主力，海军则以雅典舰队为主。希腊陆军在温泉关阻击波斯陆军，虽然兵败，但为希腊海军的集结赢得了时间。波斯人攻入了雅典，将全城焚毁，但希腊海军在萨拉米斯海战中一举击溃波斯海军，波斯人面临补给被切断的危险，不得不撤退。希腊人乘胜追击，解放了小亚细亚的希腊诸邦。第二次希波战争以希腊的胜利而告终。

这以后，希腊和波斯之间的战争时断时续，互有胜负。公元前 449 年，在地中海东部塞浦路斯岛以东的海上，雅典海军彻底打败了波斯海军。同一年，双方签订和约，波斯承认小亚细亚的希腊城邦独立。

▼古希腊的长跑比赛，对当今的马拉松赛有着重要的影响

亚历山大大帝东征

公元前 334 年初春，马其顿国王亚历山大指挥以马其顿人为骨干的希腊联军，共约 3 万步兵、5000 骑兵和 160 艘舰船，渡过赫勒斯滂海峡，对亚洲发动远征。

经过伊苏斯和高加米拉两场大战，亚历山大打败波斯国

▲斯巴达城废墟，从中可以看到它当年的辉煌

▲希腊和波斯士兵互相厮杀的情景，希波战争的胜利使小亚细亚的希腊诸邦得到了解放

王大流士三世，并很快占领了包括腓尼基、埃及、巴勒斯坦、巴比伦在内的波斯全境。公元前330年夏，他沿里海南岸东进至帕提亚，而大流士三世被巴克特里亚总督拜苏斯所杀，波斯帝国至此灭亡。公元前329年，亚历山大侵入巴克特里亚，公元前327年，侵入印度河上游地区。次年4月，在希达斯佩斯河畔消灭波鲁斯王国步骑兵2.3万人。但在远征军抵达希发西斯河时，因为军中疫病流行，官兵厌战情绪高涨，公元前326年10月东征被迫终止，公元前324年返回巴比伦。次年，亚历山大病故，马其顿帝国崩溃。

▼亚历山大，腓力二世的儿子，大约在公元前338年继承父位当了马其顿的国王

亚历山大东征是一次掠夺性远征，洗劫和烧毁了亚洲一些古老的城市，将成千上万的劳动人民掠为奴隶，以野蛮、残忍、落后的手段毁灭了许多东方文明。但客观上促进了东西方的文化交流。正是从这时起，希腊人的科学技术与文化才更为丰富地发展起来，使希腊文化与科学几乎在各

个领域都处于领先地位。

特拉西梅诺湖战役 特拉西梅诺湖战役是公元前 217 年 4 月，在布匿战争期间，迦太基军队与罗马军队在特拉西梅诺湖畔进行的一场交战。

▲汉尼拔的战象在战场上大显威力

特拉西梅诺湖畔交战是利用有利地形和有利进攻时机解决战斗的一个卓越战例。汉尼拔抓住了弗拉米尼没有侦察和警戒这一失误，利用突然性的因素，乘罗马人变换战斗队形之际一举将其歼灭。

这根本不能算是战斗，而是名副其实的大屠杀，罗马军三面被围，一面临湖，无处藏身，战况是那样惨烈。战斗只不过进行了短短的3个小时，罗马军就遭到了毁灭性的打击。等太阳终于驱散了晨雾的时候，战场上尸首狼藉，一片地狱般的景象：25000 罗马将士中 17000 人阵亡，前军有 6000 人决死突围成功，逃到东面的一个小山上后，被汉尼拔的骑兵追击包围，全体被俘。跳水逃生而又侥幸躲过了迦太基军的枪林箭雨的袭击，狼狈地逃回罗马的不过区区千余人。执政官弗拉米尼乌斯单人匹马奋力拼杀，但终寡不敌众力尽落马，被砍得血肉模糊，尸首无存，罗马将士的血染红了湖水。

汉尼拔军队的损失只有 2000，而且损失的又是高卢士兵，自己带来的精兵几乎毫发无损。弗拉米尼乌斯的军队、相当于罗马常备兵力的一半，就这样被彻底地歼灭了。

▼屋大维，罗马帝国最伟大的领袖之一

▼汉尼拔率领勇猛的军队翻过雪山向罗马挺进

东西方文化的交流

◀马可·波罗

马可·波罗来华 马可·波罗（1254—1324），意大利旅行家。他生于意大利商业城市威尼斯的一个商人家庭。父亲尼古拉·波罗和叔父玛窦·波罗都是威尼斯的巨商，常在地中海东部一带进行商业活动，曾周游过一些国家，见多识广。一次在布哈拉，有伊儿汗国朝觐蒙古大汗的使臣路过，约尼古拉兄弟前往中国。二人便随同伊儿汗国使臣骑行一年，到达上都（今内蒙古自治区多伦县西北），得到元世祖忽必烈的召见和赏识，并派他们代表元朝政府，随同蒙古使臣出使罗马教廷。在中途得知教皇已死，新教皇尚未选出，兄弟俩便顺道回威尼斯探家。其时，尼古拉的妻子已死，儿子已 15 岁，这就是马可·波罗。尼古拉在威尼斯家中住了两年，便携带着马可·波罗回元朝复命。

▶《马可·波罗游记》书影

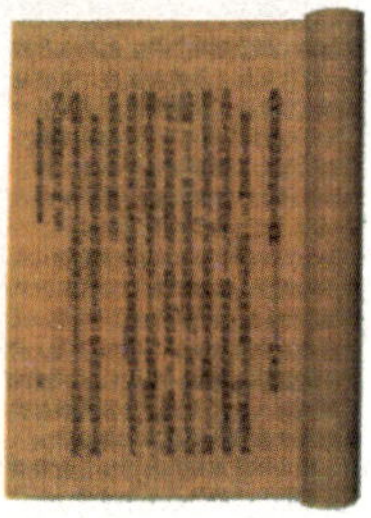

1271 年，他们从威尼斯出发，渡过地中海，沿丝绸之路东进，途经今土耳其、伊拉克、伊朗等国，越帕米尔到达东方，又取道新疆、甘肃东行。他们在甘州（今甘肃张掖）居住了一年。在此期间，游历了今额济纳旗、西宁等地。然后东北行经宁夏、陕北等地，历时三年半，于 1275 年（一说 1272 年）到达元朝上都，以后又到达大都（今北京），这时，马可·波罗年仅 20 岁左右，因其父、叔的关系，得以接近忽必烈。由于他年轻有为，聪明伶俐，很快学会了蒙古语，并熟知元朝的礼仪，加之他能说会道，知识渊博，善于揣摩和迎合他人心意，因而深受元世祖的宠信，长期在朝廷担任要职。他在元朝任职达 17 年之久，忽必烈曾派其为钦差大臣先后巡视过山西、陕西、四川、云南、山东、江苏、浙江、福建等地，并任扬州总管三年；他还参与外交活动，代表元朝政府出使外国。因此，他很熟悉当时中国各地和亚洲各国的情况，也熟知元朝的许多重大事件。后来，马可·波罗父子多次要求回国，

▼13 世纪的欧洲商队，他们在进行贸易的同时，传播宗教文化

▲表现中世纪欧洲基督教教徒生活场面的画作

但都未被获准。1291 年，正值伊儿汗国向元朝政府要求下嫁公主，元世祖便命马可·波罗等人充当使臣，护送阔真公主前往伊儿汗国，并答应他们完成使命后可回国。

1292 年，马可·波罗父子离开中国，从海上经苏门答腊、印度等地，历时两年零两个月到达波斯。完成使命后，于 1295 年回到离别 20 多年的故乡意大利威尼斯。由于他们带回了元朝政府和伊儿汗国赠送的大量财宝，当地人称他家为“百万富翁之宫”，称马可·波罗为“百万富翁马可”。不久，威尼斯和热那亚为争夺海上贸易权与通道，爆发了战争。马可·波罗作为威尼斯的巨商，参加了威尼斯舰队。1298 年 9 月，在一次与热那亚人的战斗中，马可·波罗受伤被俘。在热那亚监狱中，他请同狱的作家鲁恩蒂谦用法语笔录了他 20 多年在东方各国的经历和见闻，这就是著名的《马可·波罗游记》（又称《东方见闻录》）。

▶意大利起义军策划起义的场面，12 ～ 13 世纪意大利仍处于政治分裂的状态，神圣的罗马帝国和教皇帝国严重地阻碍了意大利的统一

▼马可·波罗辞别元世祖，满载而归

《马可·波罗游记》这个抄本一问世，便引起了人们的极大注意，并被传抄和翻译成数种文字。这本书系统地介绍了欧洲通往亚洲大陆的陆路交通路线，介绍了中国、中亚、西亚及南亚地区的地理状况和繁荣富庶景象，介绍了东方高度发达的文明和文化，使欧洲人大开了眼界，被当时人称为“世界一大奇书”，700多年来，吸引了亿万读者。其中对敦煌、酒泉、张掖，对印刷术、火药、指南针，可做燃料的“黑石头（煤）”，均有记载。这本书也是研究中国、研究丝绸之路的珍贵史料，并对哥伦布发现美洲新大陆也有一定影响。哥伦布1492年的著名航行，本来目的是带着西班牙国王给中国皇帝的信到中国和印度去的，却无意中发现了新大陆——美洲。

1299年，马可·波罗获释出狱，回到威尼斯，并被选为威尼斯共和国大议会议员。1324年逝世，终年70岁。

阿拉伯数字 古代印度人发明了包括“0”在内的十个数字符号，还发明了现在一般通用的定位计数的十进位法。由于定位计数，同一个数字符号因其所在位置不同，就可以表示不同数值。如果某一位没有数字，则在该位上写上“0”。“0”的应用，使十进位法臻于完善，意义重大。十个数字符号后来由阿拉伯人传入欧洲，便被欧洲人称为阿拉伯数字。

由于采用计数的十进位法，加上阿拉伯数字本身笔画简单，写起来方便，看起来清楚，特别是用来笔算时，演算很便利。因此，随着历史的发展，阿拉伯数字逐渐在各国流行起来，成为世界各国通用的数字。

▼马可·波罗一行三人向元世祖讲述他们的冒险历程

荷马吟咏史诗图

第五章

花开香艳 蒲草种子四处散

本章的主要内容：这一章是世界古代史最后一个部分。也是所有内容的精华。因为每一个历史时期社会的不断演变，都会伴随着文字的记录，从而促使社会生产力以及科学技术、文化等方面的发展。所以本章首先讲的是古代史上最早出现的两种文字：象形文字和楔形文字。随着文字的出现，三大宗教也产生了，并不断地向各地区传播。

这一时期文学也有了较大发展，本章介绍了戏剧的起源，以《荷马史诗》和《天方夜谭》为例，介绍了这一时期的文学成就。

接着讲的是古代的科学家以及其成就，最后讲的是这一时期的建筑以及每一种建筑的特点，例如阿拉伯麦加大清真寺和巴黎圣母院，这些充分地体现了古代劳动人民的创造力和审美情趣。

本章内容：

文字的出现

古埃及的象形文字 公元前3000多年，古代埃及人已使用了象形文字，它是用象形符号把客观物体形象描摹下来的一种文字，即所谓“画成其物”，属于表意符号，用一定的图形表示一定的事物或概念，如日、月等。

随着不断的发展，象形文字不仅表示一定概念，还具有表音的作用，并出现了音节字。例如，埃及人把猫头鹰叫做“姆”，它的图形既表示猫头鹰，又表示“姆”这个声音。在这个基础上，音节字中有一小部分简化成字母符号，共有24个，只有辅音，没有元音，所以每个音节字读音时，把某些辅音元音化。

研究表明，古埃及文字有三种字体：（1）碑铭体，（2）僧侣体，（3）人民体。其书写顺序可自左至右，也可自右而左，还可以自上而下，从两边向中间写，使文字有对称之美。因图形符号中有人物和动物，其面孔向哪一边，字就从哪一边开始写，字序并不难辨认。古埃及文字有三种符号：意符、声符和字符。“意符”有的表物，如前述表示“太阳”的符号；有的表示行，如鸟展双翅表示“飞”；有的表意，如权杖表示“统治”。“声符”表示辅音，分为“双辅音”“单辅音”，前者共有75个，后者共有24个，是字母最早的萌芽。古埃及人不知把标声字母按语言相连，他们用标声字母写出语词的声音后，还要加上不读音的“定符”来指示意义。在多数情况下，他们把意符和声符掺杂书写，形成半表音文字，而未达到拼音化。“定符”不读音，也无独立意义，与声符结合，才能表示指定的意义，近似汉字的“部首”。如三片叶子，既表示“植物”，也表示“蔬菜”“药草”“干草”等。

与文字相关的是古埃及人书写工具——纸草。纸草是一种长在沼泽地带的植物，类似人们非常熟悉的芦苇。为了便于书写，古埃及人把纸草心从纵面劈成小条，然后把这些小条紧紧挨着排在光滑的木板上加以挤压，再放到太阳光下晒干，就成了一张张

▼埃及第六王朝（大约是公元前2345～前2181年）的石碑，上面刻有碑文，主要都是象形文字

▼象形文字，公元前3000多年，古代埃及人已使用了象形文字，它是用象形符号把客观物体形象描摹下来的一种文字

▲美索不达米亚苏美尔人刻有人物和图形文字的版图,古代楔形文字大多是在砖、石或泥板上,它的发明推动了古巴比伦文化的发展

很长的黄纸。古埃及人把纸草粘成一个个长条，然后把它们卷起来，就成了供书写用的纸草卷。第十八王朝时留下的一份有关医学的《埃培尔斯纸草卷》，全卷长20.23米，上载877个药方。

两河流域的楔形文字 公元前4000年左右，两河流域苏美尔人发明了文字。公元前3500年左右，苏美尔人开始用图形表示简单的意思，他们开始在石头或在黏土上镌印图像，以此作为拥有某物的标志。

大约过了500年，书写文字仍然有象形文字的特征，但已经超越了以图画表示人和具体事物的阶段，可以用图画来表示一些抽象的事物，如用一只碗表示食物，一头牛加一只碗表示吃的概念；等等。又过了500年左右的时间，成熟的文字开始出现了，那时的图画已经画得非常系统化，以致人们不再把它当作图画，而把它视为纯粹的符号；这些符号有许多已经不再表示特定的词，而成为与其他同类符号结合在一起就可以形成字词的音节符号。字符也从2000多个减少到500多个。公元前2500年左右，苏美尔地区的这种文字体系达到了充分发展的阶段，这就是“楔形文字”。

最古的楔形文字是从右到左直行写的，因为书写不便，后来就把字形侧转90°，改成从左到右的横行。人们就地取材，用黏土制成泥版作为“纸”，每块泥版约重1千克，他们用削成三角形状尖头的芦苇秆、骨棒或木棍当“笔”，在泥版上勾勒出各种符号。由于落笔处印痕较为深宽，提笔处较为细狭，形状很像木楔，所以这种文字称为“楔形文字”或“箭头字”。书写好的泥版，用火烤干，质地十分坚硬，不受虫蛀，不会腐烂，可以保存数千年。已经出土的数百万块泥版文书，是研究西亚历史的宝贵资料。楔形文字的许多符号具有多重含义，许多符号的准确含义只有根据上下文来确定，很难掌握。

楔形文字后来流传到西亚许多地方，成为西亚通用的文字。今天发现的楔形文字90%是商业和行政记录，其他的是一些赞美诗和神话传说。

◀苏美尔楔形字泥版，此泥版文书记录了一桩诉讼案：一名叫阿般的人和他妹妹白塔提分割财产，由公元前18世纪的国王尼克美帕判决

三大教的产生以及传播

佛教 世界三大宗教之一。公元前6世纪，在反对婆罗门教过程中，乔达摩·悉达多创立佛教。

释迦牟尼是佛教徒对成“佛”后的乔达摩·悉达多的尊称，意思是“释迦族的圣人”。中国佛教寺院中大雄宝殿里“如来”和“大雄”都是他的称号。

释迦牟尼到印度中部各地广收门徒，宣传佛教达40年之久。80岁去世。释迦牟尼的遗体火化以后，骨灰结成若干颗粒，佛教把这种颗粒叫做“舍利”。后来由信徒们分取舍利，把它珍藏在特制的，用金、银、玛瑙、珍珠等七种宝物装饰建造的宝塔中供奉，表示对释迦牟尼的景仰。

公元前3世纪，摩揭陀国王阿育王在位时，佛教有很大的发展，并开始不断地向印度以外传播。

▲释迦牟尼早期求道坎坷，在修道者的森林里，以少有的苦行折磨自己，并坚持6年，创立了佛教的基本教义

基督教 产生于巴勒斯坦和小亚细亚等地。公元前63年，巴勒斯坦成为罗马属地。罗马统治者横征暴敛，大量搜刮，给那里的犹太人造成了很大的灾难。犹太人曾多次起义，但都遭到罗马统治者的疯狂屠杀。

公元1世纪前后，巴勒斯坦和小亚细亚等地就出现了传道者。他们宣传说，“救世主”会

▼圣玛丽亚教堂，在西欧长期动乱的过程中，基督教会的势力不断膨胀，并严格控制着人们的思想

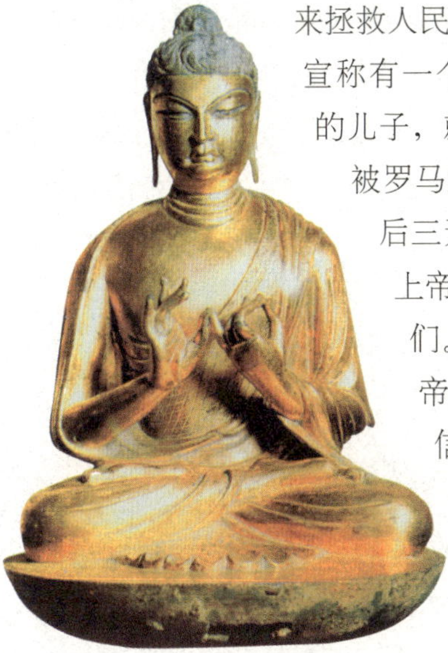

▲释迦牟尼，佛教创始人

来拯救人民的苦难。接着，他们又宣称有一个叫耶稣的人，是上帝的儿子，就是救世主，耶稣已经被罗马统治者所杀害，但是死后三天就复活了，被接到了上帝那里，就要回来拯救人们。这个说教吸引了罗马帝国的许多奴隶和贫民。信徒尊称耶稣为“耶稣基督”，基督就是救世主的意思。

▲圣母和圣子加冕图

▼基督的降生

传说耶稣诞生在巴勒斯坦伯利恒的一个马棚里，母亲叫玛利亚。耶稣诞生的日子，被称为“圣诞”日，以后，基督教会把它定在12月25日。现在通行的公元纪年，就是以传说中的耶稣出生之年算起的。

据说，耶稣为拯救人类，带领12个门徒，四处游说，触怒了统治者。犹太贵族勾结罗马总督把他钉死在十字架上。门徒们宣扬他在死后第三天，又复活升天了。

▼早期基督教教堂内的壁画

信徒们开始时集合成小的宗教团体，这种宗教团体很快遍布罗马，并逐渐统一起来，成为基督教会。随着基督教的广泛传播，许多富有的上层人物也纷纷加入教会。他们捐献财产，逐渐占据了教会的领导地位。4世纪时，罗马统治者看到可以利用基督教来加强统治，从精神上控制被压迫人民和被征服民族，就竭力加以发展和扶植，并定基督教为国教。后来，基督教就传遍了欧洲各国。基督教从非法宗教发展到4世纪时的合法宗教，再发展为罗马帝国

国教，具有普遍性和包容性。基督教继承了犹太教的“救世主”思想，吸收了埃及、伊朗等东方国家的宗教思想，以及希腊人和罗马人的哲学思想。这都为它后来发展成为世界性宗教奠定了广泛的社会基础和思想基础。

伊斯兰教 阿拉伯的各个部落长期在阿拉伯半岛上过着游牧的生活，他们都有自己信仰的神。六七世纪，半岛上的氏族制度日趋解体，社会矛盾十分尖锐。阿拉伯贵族渴望建立一个强大的国家，人民也非常希望实现半岛的统一，并且消除社会的纠纷。

7世纪初，穆罕默德开始在麦加传教。他宣传宇宙间唯一的神是“真主”安拉，而自己是“真主”的使者，信徒的先知。他号召大家都信仰“真主”，放弃信仰本部落的神。他所创立的宗教就是伊斯兰教。这种关于神教的宣传，有助于打破狭隘的氏族界限，促进了民族的统一。

公元632年，穆罕默德在雅特里布病逝。这时半岛的大部分地区已经皈依了伊斯兰教。此后伊斯兰教又传到北非和中亚的大部分地区。到16世纪时，伊斯兰教徒已经遍布世界各地。伊斯兰教的产生促进了阿拉伯地区的发展，对于阿拉伯地区的统一，抵御外来侵略也起到了积极的作用。伊斯兰教的教徒们正是以“圣战”的名义，在新月旗帜的引领下，建立起庞大的阿拉伯帝国。

▼以色列的岩顶圆顶寺是世界上最古老的伊斯兰教建筑之一，该寺矗立在耶路撒冷老城的东边

古典戏剧的发展

▲荷马，古希腊盲诗人荷马因编撰希腊英雄史诗而闻名

希腊戏剧 希腊的戏剧从迎神赛会里的合唱、朗诵和舞蹈演变而成，酒神道尼苏斯的节日起了特别重要的作用。每年早春，当葡萄抽芽、新酒酿熟的时候，人们化装成山羊的样子，组成盛大的合唱队，高唱描述道尼苏斯的热情和悲痛的歌曲出来迎神。这种演出就是悲剧的萌芽。秋天，当葡萄熟了的时候，又是一个道尼苏斯的节日。人们载歌载舞，相互戏谑调笑，从这里产生了喜剧。悲剧和喜剧最初只表演神仙的故事，后来逐渐发展，表演英雄事迹和常人的生活；演员也由一人增加为两人、三人甚至更多。只有男人才能当演员，女性角色也由男人担任。演员头上套着涂饰鲜明的面具，以夸张面部的表情；脚上有时穿着高跟靴，甚至踩着高跷，增加演员高度，让远处的观众也能看见。

《荷马史诗》 古希腊神话是世界文学宝库中的奇葩。它主要都是神的故事和英雄传。

在希腊神话中，众神都被“人化”，多愁善感。英雄们往往都是身手不凡，威力无边。这些神话表达了古希腊人征服自然的欲望，寄托着他们对美好生活的追求。

其中最著名的就是《荷马史诗》，包括《伊利亚特》和《奥德赛》等很多神话，也有不少历史传说。它是欧洲最重要的长篇文学作品。

▼希腊人宴会的场面

荷马是《荷马史诗》传说中的作者，据传是盲诗人，生于小亚细亚西海岸某地。至于是否真有荷马其人，早在公元前3世纪就有人提出怀疑，至今仍无定论。古希

腊时期，在希腊本土，特别是在小亚细亚沿岸，有许多行吟诗人来往于各城邦之间，为人们演唱关于古代英雄事迹的诗歌。久而久之，这些口头吟诵的故事逐渐形成《伊利亚特》和《奥德赛》两部史诗的基本情节，公元前8世纪以后，经过文字加工，成为长篇史诗。荷马就是完成这两部史诗的诗人的代表性形象。

▲荷马吟诵史诗，古希腊盲诗人荷马在爱奥尼亚的路旁，一边弹琴一边吟诵他的英雄史诗

《天方夜谭》 《天方夜谭》又译作《一千零一夜》，是最著名的阿拉伯民间故事集。

相传在古代印度和中国之间有一个国家，名叫萨桑国，这个国家的国王名为山鲁亚尔，他的王后与人私通，他非常生气，下令处死了王后，从此，他对女人再也不相信，他每天娶一个少女，但第二天一早就把新娘杀害，很多少女就这样死了。全国的少女都慌作一团。宰相的女儿山鲁佐德，聪明美丽，她决定嫁给国王，以拯救那些无辜的少女。她在新婚之夜给国王讲了一个故事，故事很精彩，天明也没讲完，国王没有杀她；第二夜，她继续讲故事，故事很有趣，很吸引国王，可是，每天晚上都讲不完，国王要听故事，不能杀她。就这样，一夜又一夜，一直讲了一千零一夜，她终于感动了国王，他们成为互相恩爱的一对好夫妻。因为阿拉伯地区在中国古代被称作天方，所以这本书被译作《天方夜谭》。

《天方夜谭》其实并不是哪一位作家的作品，它是中东地区广大市井艺人和文人学士在几百年的时间里收集、提炼和加工而成的，是这个地区广大阿拉伯人民、波斯人民聪明才智的结晶。《天方夜谭》包括神话传说、寓言故事、爱情故事以及宫廷趣闻等。书中的人物也无所不包。其文学风格是以浪漫主义为主，把现实成分和幻想成分有机地结合起来，集中体现了民间文学的艺术特征，开辟了阿拉伯大众文学的道路，在阿拉伯小说发展史上占有极其重要的地位。

▼这是《天方夜谭》中的一个故事的画面

18世纪初，法国人把《天方夜谭》翻译成法文，引起轰动，欧洲各国很快有了各种文本的《天方夜谭》。20世纪初，《天方夜谭》传入中国。《天方夜谭》中包括许多脍炙人口的故事，如《渔夫和魔鬼》《阿拉丁和神灯》《阿里巴巴和四十大盗》及《辛巴达航海旅行记》等。

古代著名的科学家

阿基米德（公元前287—前212），古代希腊伟大的数学家和物理学家。在数学上，阿基米德大大发展和加深了著名的穷竭法，即把要求面积（或体积）的曲线形分割成若干直线形，无限加多这些直线形的数目，则这些直线形面积（或体积）的总和，就是所求的曲线形的面积（或体积）。他用这种方法证明了圆面积与一个直角边等于圆周而另一直角边等于半径的直角三角形的面积相等……更为重要的是，他还用这种方法结合力学原理得出并证明了各种复杂的平面曲线围成的面积和各种曲面的面积及其所围成的体积，如球和椭球的表面积与体积，等等。他在求积问题上的力学分析方法和穷竭法思想在某种意义上可以说是开辟了后来牛顿等人完成的微积分的先河。他把数学和力学、机械学紧密结合起来，发现了杠杆原理和浮力原理。

▼图为正在思索中的阿基米德，阿基米德是古代希腊伟大的数学家和物理学家

阿基米德还是一名杰出的机械制造家，他发明过抽水机，制造了“投火机”。这种“投火机”曾经把燃烧着的巨物弹发射到远方海面上入侵的罗马战舰上。他还利用光学中的聚焦原理，用聚光镜聚焦于罗马战舰使之焚毁。

▼阿基米德正在研究“投火机”的场面，这种“投火机”曾经把燃烧着的巨物弹发射到远方海面上入侵的罗马战舰上，他还利用光学中的聚焦原理，用聚光镜聚焦于罗马战舰使之焚毁

他有一句名言：“给我一个支点，我将把地球翻转。”关于浮力原理，有这样一个美丽的传说。据说，有一次，希耶隆二世制造了一顶金王冠，但是，他总是怀疑金匠偷了他的金，在王冠中掺了银。于是，他请来阿基米德鉴定，条件是不许弄坏王冠。当时，人们并不知道不

▼阿基米德泵示意图

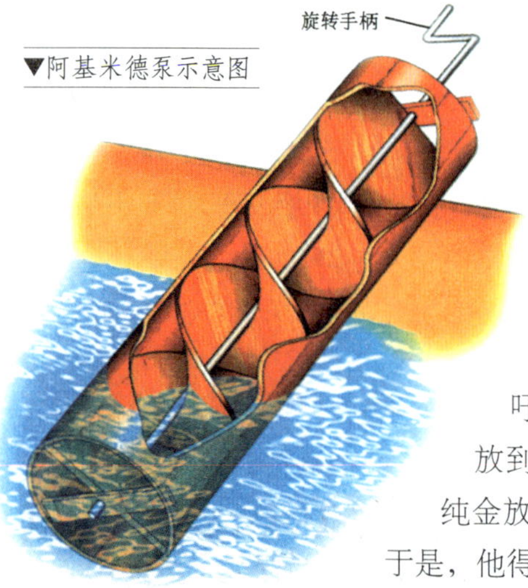

同的物质有不同的密度，阿基米德冥思苦想了好多天，也没有好的办法。有一天，他去洗澡，刚躺进盛满温水的浴盆时，水便漫溢出来，而他则感到自己的身体在微微上浮。于是他忽然想到，同种物体，重量相同，体积不同，排出的水也一样……他不再洗澡，从浴盆中跳出来，一丝不挂地从大街上跑回家。当他的仆人气喘吁吁地追回家时，阿基米德已经在做实验：他把王冠放到盛满水的盆中，量出溢出的水，又把同样重量的纯金放到盛满水的盆中，但溢出的水比刚才溢出的少，于是，他得出金匠在王冠中掺了银子的结论。由此，他发现了浮力原理，并在名著《论浮体》中记载了这个原理，人们今天称之为阿基米德原理。

阿基米德因对科学的贡献受到后人的极大崇敬，后世的许多数学家称其为“数学之神”，并且认为，任何一张列出有史以来三位最伟大的数学家的名单中，必定会有阿基米德，而且肯定列于首位。公元前 212 年罗马军队侵占了叙拉古。罗马军队闯入阿基米德家里，杀死了正在做实验的阿基米德。

亚里士多德和普林尼 亚里士多德是古希腊最著名的学者。他刻苦钻研，博学多才，创立了物理学、植物学、动物学和逻辑学等学科体系。

亚里士多德的著作所表述的观点是：人类生活及社会的每个方面，都是思考与分析的客体；宇宙万物不被神、机会和幻术所控制而是遵循着一定的规律运行；人类对自然界进行系统而深入的研究是值得的；我们应当通过实验和逻辑分析，得出自己的结论。亚里士多德的这种反传统，反对迷信与神秘主义的主张，对西方文化产生了深远的影响。柏拉图是亚里士多德的老师，亚里士多德却抛弃了柏拉图的唯心主义观点，他宁可舍弃友情，也要追求真理。

▼亚里士多德像

古代罗马也有一位知识渊博的学者普林尼。他终生勤奋，孜孜不倦，完成巨著《自然史》。

普林尼（约公元 23—79）求知欲望强烈，在学习上分秒必争。他通常凌晨一两点就起床攻读，甚至在旅途中和在浴池里洗澡时，也不愿意浪费时间。他的巨著《自然史》包括天文、地理、植物、矿物和医学等多方面的知识，是一部百科全书式的著作。公元 79 年，意大利的维苏威火山爆发，普林尼为到险区救人，也为了亲身考察这一难得的自然现象，冒着生命危险，毅然乘船前往，结果吸入火山喷出的毒气窒息而死。

古代的建筑

希腊与罗马人的建筑 希腊人建造的雅典卫城，集中体现了希腊建筑和雕刻艺术的成就。卫城中的主要建筑是奉祀雅典娜女神的神庙，气势宏伟。高大的雅典娜女神雕像矗立其间，雕像外面全都是用黄金和象牙镶成。

马其顿人统治埃及时期，亚历山大港发展成为重要的文化和商业城市。这时，亚历山大港的法罗斯岛上建起了一座巨大的灯塔。它被誉为古代世界的奇迹之一。

罗马人的建筑庄严、厚重，讲求实用，突出特点是喜欢使用柱子和拱形结构。罗马城中的圆形剧场和万神殿高大宏伟，设计巧妙。罗马人还建起高架引水桥，把远处的泉水引入城内，供居民使用。罗马建筑对后来的欧洲建筑有着很大的影响。

希腊与罗马人的古代建筑，最能体现古代劳动人民的创造力和审美情趣，在今天，人们仍无不感叹先人们的无穷智慧与创造力。

▼雅典的古迹

▼雅典卫城遗址，希腊人建造的雅典卫城，集中体现了希腊建筑和雕刻艺术的成就

▲重建后的新巴比伦城

麦加大清真寺 今沙特阿拉伯西北部的麦加城，是伊斯兰教的发源地。城内有座大清真寺叫“禁寺”。“禁寺”是阿拉伯文的意译，也是伊斯兰教三大圣寺之一。

该寺现有64道大门和7座高大的宣礼塔；周围面积16万平方米，可同时容纳50万人礼拜。“克尔伯”是阿拉伯文音译，意为“方形房屋”，位于禁寺中心，是一座方形石殿，也称“天房”。相传为“先知”易卜拉欣和伊斯玛仪勒所修建。其后曾是阿拉伯多神教徒敬神献祭的中心。古代阿拉伯人及后来的穆斯林都把镶在后殿壁上的黑陨石视为神圣。穆罕默德出走麦地那的第二年（623年），将该殿所在的方位定为伊斯兰教徒礼拜的朝向。公元630年，穆罕默德进入麦加后，清除了殿内外的多神教偶像，“天房”就成为穆斯林的朝拜中心。“天房”神庙用黑色锦罩幕覆盖，显得非常神秘、神圣。幕罩上用金线绣着《古兰经》的经文。无数的穆斯林来到这里，虔诚地向神庙朝拜。对于穆斯林来说，只要有可能，他一生中一定至少要去朝觐“天房”神庙一次。

▼麦加的“天房”，如今每年都有几百万人到麦加朝圣，“天房”是朝圣者们必拜之地

▲巴黎的古城镇

巴黎圣母院

世界驰名的法国天主教堂，坐落在巴黎市区。它的各部分是从1163—1345年分别完成的，前后历时近200年。巴黎圣母院整个教堂的建筑形式和向往天国的神秘气氛结合得十分完美，它的哥特式建筑被誉为“中世纪建筑中最完美的花”。

教堂的平面呈横翼较短的十字形。十字形平面的交叉处上部是一个瘦瘦的高达90米的尖塔。教堂内部东西向排着两长列直通屋顶的高达24米的柱子，形成了一个极其窄长而又极高的空间。

巴黎圣母院最美的是它的西立面。它的下部是三座门，左门为“圣母门”，右门为“圣安娜门”，中门表现“最后的审判”，中柱雕有耶稣在“世界末日”宣判每个人的命运，一边是“灵魂得救”者升入天堂，一边是被推入地狱的罪人。每座门由一个套着一个的、层层后退、逐渐缩小的尖圆拱券，桥梁、门窗等建筑物上筑成弧形的部分组成。尖圆拱券是哥特式教堂的特征之一。三座门的上方，横向的水平线上有一排群雕像，他们是29位法国历代君主。在这群雕像的上面，正中是一个圆如巨轮、直径达13米、嵌上五颜六色玻璃的“玫瑰花窗”，两侧为一对窗子，再上面是一连串连续的尖圆拱券，它们把高处两个高耸入云的方塔楼联系在一起。方塔楼的后面便是那座瘦高的尖塔。

▼巴黎圣母院

第二部分
世界近代历史

第一章

志在四方
远足五洋寻新陆

本章的主要内容：首先讲的是在文艺复兴时期，意大利涌现出大批的文学家和艺术家，这里主要以但丁和达·芬奇为代表性人物，介绍了他们的重要作品，这些不朽作品的诞生，为近代科学文化奠定了基础。接着讲了新航路的开辟，主要以哥伦布为代表，说明了新航路的开辟对欧洲资本主义社会的产生有着重要的作用。最后讲了早期殖民扩张以及两位主要的资产阶级政治家。

本章内容：

意大利的文艺复兴

新航路的开辟

早期的殖民扩张

资产阶级政治家

意大利的文艺复兴

▲《神曲》中的插图，《神曲》是但丁不朽的巨著，全长 14000 多行，分为《地狱》《炼狱》《天堂》三部

“文艺复兴”指的是欧洲文化和思想发展的一个时期（14 ~ 16 世纪）。它始于意大利，后扩大到德、法、英、西班牙等欧洲其他国家和地区。意大利的文艺复兴表现最突出的领域是文学和美术。

但丁 文艺复兴早期一位伟大的意大利诗人，他在著名长诗《神曲》中，表达了自己的善恶标准和对天主教的厌恶。

全诗分《地狱》《炼狱》《天堂》三部，每部各 33 篇，加上一篇诗序，共 100 篇，由 14000 多行诗组成。但丁所写的“地狱”，是漏斗的形状，共分九层。其中的第六层火狱窟，是替活着的罗马教皇卜尼法八世准备的。但丁赞扬自由的理性、个人的情感和求知的精神，崇奉贤明、正直的君主统治，所以他把“理想”的君主都安排在天堂中。按教会的看法，不信耶稣的古典作家本应下地狱，但丁笔下的这些作家却在地狱门口未受磨难。

尽管《神曲》中宣传了灵魂不死和来世观念，反映了宗教世界观，主张“异端”入地狱，还流露了没落贵族的一些幻想，保存着不少神秘的宗教观念、烦琐的神学理论和晦涩的譬喻，但是这些并没有限制但丁表达他分明的爱憎。

但丁讽刺和抨击了封建社会的无政府状态，教皇的阴谋、萌芽中的资本主义引起的罪恶，人类的利己心、淫乱和贪婪。他赞颂人类的坚强意志和高尚精神，讴歌自然和世界的美，相信善必能战胜恶。

当时的彼特拉克也是一位诗人，他如饥似渴地研究古典文化，最先提出以“人的学问”

▶手拿《神曲》的但丁，但丁是意大利伟大的诗人

▲彼特拉克，彼特拉克是一位诗人，后来被称为“人文主义之父”

▶《蒙娜丽莎》，《蒙娜丽莎》是佛罗伦萨的一个富有的女市民的画像，她两眼炯炯有神，口角含着微笑，神态恬静端庄，流露着青春的活力

来代替“神的学问”，被称为“人文主义之父”。他的《歌集》主要是爱情诗，也抨击教皇的腐败，抒发渴望意大利和平统一的情怀。

达·芬奇（1452—1519），意大利文艺复兴时期艺术大师，出生于佛罗伦萨附近的芬奇镇。十四五岁时（一说1469年）到佛罗伦萨从师学习绘画和雕刻。由于他的天才和勤奋，他在青年时就取得了绘画方面的成就。达·芬奇把艺术创作建立在实地研究的基础上。为了使自己的作品形象逼真，他细心观察自然界中植物的生长发育和动物的活动姿态，还解剖过30多个人的尸体。由于他对人体结构有深入的了解，因此他的人物画像比例匀称，栩栩如生。他对近代现实主义美术的发展有着巨大

▼达·芬奇的自画像，达·芬奇是一位艺术大师，最大的成就是绘画，他的杰作有《蒙娜丽莎》和《最后的晚餐》

▲最后的晚餐

影响。代表作是壁画《最后的晚餐》和人物肖像画《蒙娜丽莎》。

在研究艺术的同时，达·芬奇还从事许多种自然科学和技术的探讨，不知疲倦地为人类的幸福探求真理，表现了卓越的独创精神。在解剖学方面和生理学方面他也取得了很大成绩。解剖尸体的过程中，他对人体骨骼结构与肌肉组织观察得非常仔细，论述之详细甚至超过同时代的许多医学家，他是人类历史上第一个正确全面描述人体骨骼以及摹画了人体全部肌肉组织的科学家。在神经和血管系统方面以及生理学和生物学等方面他也有许多独特的见解。在物理学方面，达·芬奇在牛顿发现万有引力之前，就发现了物体总是以最短的途径落地这一规律，对后来万有引力的发现亦是一个十分重大的启示。而在哥白尼创立太阳中心说之前，他就曾经有过“太阳不动”的想法，否定了地球中心说。

在光学方面，他设计过望远镜和聚光镜以及研究色彩的设备，发明了光学玻璃磨制机。在地质学方面，达·芬奇研究过地形的演变和各种岩石的构造以及古生物的痕迹，最早确立了地史学和地质学的概念。在军事方面，达·芬奇还设计过飞行器、直升飞机、降落伞、攻城武器、云梯、野炮、战车、战舰、双重底的船只、潜水用具和轻便桥梁等。在机械工程方面，他设计了自动机床、纺织机、印刷机、冶炼炉、起重机、钟表仪器和抽水机等。他发明了有几个纺锭的捻线机、轧机、拢丝机、车螺

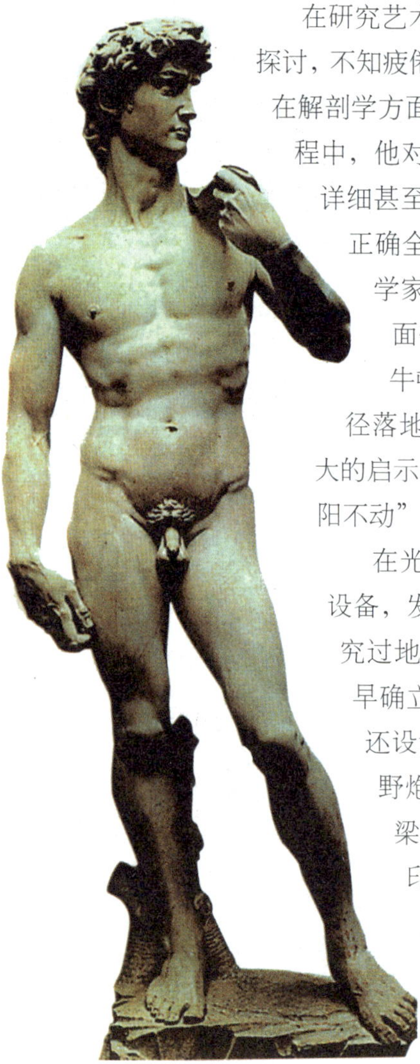

◀《大卫》，大卫是犹太民族的领袖，也是米开朗琪罗心目中的英雄人物

纹机。在水利工程方面，他设计了运河、河道、水库、水闸、水利资源的利用和土壤改造工程等方面的方案，还发明了室形水闸、各种不同构造的扬水机。虽然他的许多想法只是一种初步的设想，有的也只不过是画出了草图速写，但他的发明、设想、构思与见解，对日后科学的发展起了促进作用。因为担心教会的迫害，达·芬奇的许多科学研究活动都是秘密进行的，一直没有公开和公布。罗马天主教会把他的科学研究指为“妖术”，1517 年他被迫离开祖国，侨居法国。达·芬奇在法国整理了大量的科学研究手稿，度过了寂寞的晚年。

▲米开朗琪罗的自画像，他是一位长寿的艺术家，但他不得不为其长寿付出代价，那就是比其他艺术家更多地品尝了人间的痛苦

其他画家 米开朗琪罗也是一位具有多方面成就的人物。他创作过许多人物雕像和壁画，设计过一些建筑物，也写过一些诗。《创世纪》是一幅画在教堂天花板上的宗教壁画。数以百计的画中人物个个形象高大，强壮有力，表现出画面的磅礴气势。他最喜爱雕刻。他塑造的人物栩栩如生。著名雕像《大卫》表现了一个英俊少年的坚定自若的神情，象征着为正义而奋斗的力量。

《创世纪》是《圣经》的开头部分，内容是“上帝”用六天创造天地，第七天作为安息日的故事。大卫是公元前 10 世纪犹太国家——以色列有名的国王。根据《圣经》记载，他年轻时放羊。当时巴勒斯坦不断遭到来自海上

▶米开朗琪罗《最后的审判》，《最后的审判》一画以中央的基督、圣母和众圣徒为核心，天堂、地狱、善灵恶鬼皆入图画，在雄伟壮烈之中别添肃穆恐怖之感，反映了艺术家晚年思想感情的变化

▲《耶稣的复活》，此画是拉斐尔为梵蒂冈绘制的巨型壁画之一，他的壁画带有功用性，能与建筑物融为一体，然而又不附属于建筑物，具有独特的艺术意义

的外族的侵扰。一次，敌营中一个身材高大，身披重重的盔甲、肩负铜戟的人出来挑战，要求有个人同他对打。人们不敢应战。最后大卫勇敢地站出来，从口袋里掏出一粒石子，并射了出去。那人额部中石，倒地而死。雕像所塑的正是大卫准备去参加战斗时的姿态。后来大卫当了犹太国王，统一了北部的以色列，排除了外来威胁，国家盛极一时。

▲拉斐尔的自画像，拉斐尔是一位画家，人称："一颗流星，但他的光辉永驻人间。"

拉斐尔是一位画家，为后人留下了300多幅作品，其中圣母像就有好几幅。圣母是基督教传说中耶稣的母亲，在拉斐尔笔下，她是一位端庄秀丽，慈祥可亲的女性。拉斐尔的大型壁画《雅典学派》画了许多古代著名学者济济一堂的场面，充分体现了古代科学文化的繁荣。

《雅典学派》画中的众多人物以柏拉图和亚里士多德为中心，他们正边谈边走步入大厅，画中人物还包括苏格拉底、赫拉克利特、毕达哥拉斯、阿基米德等。他们属于不同的国家，生活在不同的时代，但是拉斐尔使他们会聚在一起，读书、讨论、作图、沉思，场面既壮观又富于学术气氛。

达·芬奇、米开朗琪罗、拉斐尔被后人称为“文艺复兴美术三杰”。他们的许多作品虽然取材于宗教传说，并不是真实的历史，但是他们刻画出来的是活生生的现实生活中的人物形象。

▶拉斐尔的杰作

新航路的开辟

15 ~ 17 世纪欧洲许多冒险家为了追求财富多次进行海外探险，探寻通往东方的新航路。当时，人们在地理知识方面已经有了很大的进步，很多人相信地球是圆的，无论是向东还是向西，一直向前都能到达。同时，航海技术的发展也为远洋航行提供了条件。

哥伦布 （1451—1506），出身于热那亚的一个织工家庭，早年在父亲的作坊里干过活，在地中海上当过海员，后来随船队到过英国、冰岛和今天的几内亚海岸等地。1484 年，他请求葡萄牙国王约翰二世资助他的航行，遭到拒绝。两年后，他请求西班牙王室资助，但是直到 1492 年西班牙国王斐迪南和王后伊莎贝拉才采纳了他的计划。

他从西班牙的帕洛斯出航后，10 月到达巴哈马群岛中的一个小岛。过去一般认为这个小岛就是今天的华特林岛，近来有人认为是萨马纳礁石岛。他手持西班牙王室旗帜登陆，称它为圣萨尔瓦多岛，意思是“救世主”，并且宣布该岛归西班牙所有。然后继续前行，10 月底抵达古巴，12 月初到海地。他在海地留下 39 人建立殖民据点，搜寻金矿，自己带着其余的人于 1493 年 1 月返航回到西班牙，受到热烈的欢迎。

这年，哥伦布又率领船队第二次远航美洲，这次随船带去各行各业的人，如教士、

◀达·伽马塑像，达·伽马沿迪亚士开辟的航路，航行到印度，找到了通往东方的新航路

▼哥伦布航海中，西班牙王室派出的海上护卫队

▲航海仪器——星盘

▲哥伦布在航海的途中

战斗人员、农民、工匠等1000多人，还带去了种子、牲畜和工具。他们在海地建立了一个新的殖民据点。哥伦布考察了古巴南部沿海和牙买加等地，于1496年回西班牙，留下他的兄弟管理殖民地事务。1498—1500年，他第三次去美洲，发现南美洲北边的特立尼达岛等地。1502—1504年，他第四次西航，考察了洪都拉斯海岸和巴拿马水域一带，向居民换得一些黄金。他的考察成果和最后带回的黄金未能引起西班牙当局的重视。当时他已体弱多病，回国两年后抑郁而死。

新航路的开辟，打破了以往世界各个地区相互隔绝和孤立发展的局面，世界开始连成一个整体，欧洲大西洋沿岸工商业经济繁荣起来，促进了资本主义的产生和发展。但随着新航路的开辟，一场持续了数百年的殖民掠夺、殖民扩张和侵略活动也从此开始，欧洲资本主义的触角开始伸向世界各地。

▼哥伦布和他的队员们在美洲大陆圣萨尔瓦多岛登陆

早期的殖民扩张

▲英国国王在国会上发表讲话的场面

英国资产阶级革命 （1640—1688）是一场剥夺王权保留王位的革命，以国王为首的封建势力和以国会为代表的新贵族相对立的两大阵营，围绕着限制王权和保证国会权力的问题展开斗争，革命中处死了国王查理一世，经历了斯图亚特王朝复辟。1689年，国会通过《权利法案》，确定了国会拥有最高权力的基本原则，英国确立了君主立宪制资本主义政治制度。

《权利法案》为限制王权提供了宪法保障，使以后的国王不能滥用权力，为所欲为。这样，英国建立起君主立宪制的资产阶级专政。

英国资产阶级革命，是人类历史上资本主义制度对封建制度的一次重大胜利，它为英国资本主义的迅速发展扫清了道路，揭开了欧洲和北美资产阶级革命运动的序幕。英国资产阶级革命标志着世界近代史的开端。

美国独立战争 （1775—1783）是当地民众为摆脱英国殖民统治，取得民族独立而进行的战争。1775年4月，来克星顿枪声打响了美国独立战争第一枪。5月10日，第二届大陆会议在费城召开。6月15日，会议根据新英格兰代表的提议，通过了组织正规军和任命乔治·华盛顿为总司令的决议。从此，大陆会议成为国家政权形式的组织，

▼处死查理一世的场面

▲1776 年 7 月 4 日《独立宣言》在费城发表，从此这一天就成为美国的独立日

▲《人权宣言》中的文字，《人权宣言》体现了反对君主专制和封建等级制度的要求，具有进步意义

成为领导独立战争的政权机关。

1776 年 6 月 7 日，弗吉尼亚代表提出各殖民地脱离英国的决议案，会议选出杰斐逊、富兰克林、约翰·亚当斯等人组成委员会，起草了脱离英国而独立的宣言。7 月 4 日，会议在长时间的辩论后，通过了杰斐逊起草、富兰克林等人润色的《独立宣言》。《独立宣言》庄重地宣布：北美脱离英国而独立，成立美利坚合众国，原来的英属北美 13 个殖民地成为美国最早的 13 个州。这一天，后来被定为美国的独立日。

▼独立宣言的文书，《独立宣言》是美国政治家杰斐逊在 1776 年起草的，它表达了北美人民要求独立的心声，标志着美利坚合众国的正式诞生

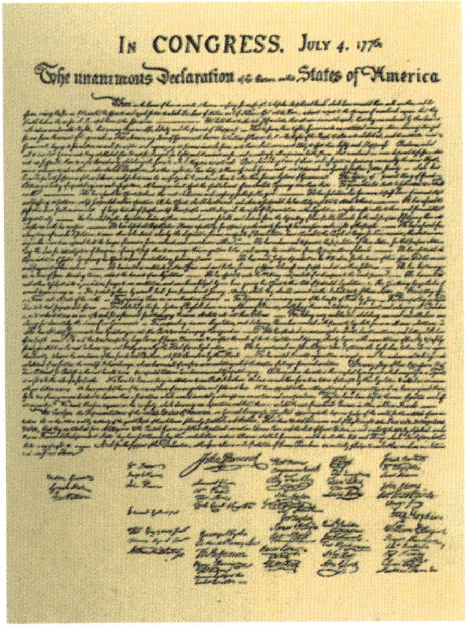
IN CONGRESS. JULY 4. 1776

The unanimous Declaration ... States of America

《独立宣言》的发表标志着美国的诞生。萨拉托加大捷是战争的转折点，约克镇战役中英军投降，美国独立战争胜利结束。

法国大革命 (1789—1794) 为争取“民主”“共和”而战。1789 年巴黎人民攻占巴士底狱，法国大革命从此开始。法国大革命中颁布了《人权宣言》宣扬人生而平等，私有财产神圣不可侵犯。1794 年热月政变标志法国大革命的结束。

法国大革命彻底摧毁了法国封建专制制度，使民主共和思想广为传播，对人类社会的发展产生了深远的影响。但所有人的民主、自由和平等仍然只是写在旗帜上的理想与目标。

资产阶级政治家

▲拿破仑，他是著名的军事家

拿破仑 （1769—1821）法国资产阶级政治家和军事家、法兰西共和国第一执政（1799—1804）、法兰西第一帝国（1804—1814）和百日王朝（1815）皇帝。生于科西嘉岛阿雅克肖城没落贵族家庭。布里埃纳军校毕业，后在巴黎军事学院肄业。1785年任炮兵少尉。受启蒙思想影响，参加法国革命。雅各宾专政时期任炮兵上尉。

1793年，出色指挥土伦战役，击溃王党军队，获少将衔。督政府时期因与雅各宾派关系密切，一度被捕。1795年10月，任法军统帅，镇压王党军叛乱。1796年率军进攻意大利，1798年侵入埃及。1799年回国。发动政变（11月9日，共和新历雾月18日），成立执政府，自任第一执政。

1804年称帝，建立法兰西第一帝国。颁布民法（即《拿破仑法典》）、商法和刑法，巩固资产阶级革命成果。对内镇压王党复辟势力；对外多次粉碎反法联盟，严重打击欧洲封建势力。后逐步对外侵略扩张，与英、俄争霸。

▼1799年11月9日，拿破仑发动雾月政变，从而正式登上了政治舞台；他推翻"督政府"，夺取了政权，并把"督政府"改为"执政府"

1812年对俄战争失败。1814年反法联军攻陷巴黎，将其流放于厄尔巴岛。1815年重返巴黎，建立百日王朝。滑铁卢战役失败后被流放于圣赫勒拿岛。1821年病死于该岛。

华盛顿 （1732—1799）美国独立战争重要领导人，领导美国人民取得了民族独立，又开创了民主政治的先河。作为开国元勋和伟大的政治家，华盛顿成为美国最著名的历史人物之一。

华盛顿，是美国第

▲拿破仑在巴黎圣母院为自己举行皇帝加冕礼，法兰西进入了第一帝国的时代

一任总统。1732 年 2 月 22 日出生在弗吉尼亚东部的一个大种植园主家庭。从 1748 年起，在弗吉尼亚当过三年土地测量员。后来，曾在英国殖民军服役，获上校军衔。曾参加 1756 年爆发的英法“七年战争”，随英国军队对法国作战，为英军立下了汗马功劳，并受锻炼成为具有卓越军事才能的人。1759—1774 年为弗吉尼亚议会议员，反对英国殖民统治。1774 年初和 1775 年先后当选为第一、二届大陆会议代表。1775 年，第二届大陆会议被任命为大陆军总司令。在人民群众的推动和支持下，他率领大陆军经过特伦敦（1776）、普林斯顿（1777）、约克镇（1781）等战役，击败了英军，取得了独立战争的胜利，赢得了人民的爱戴。1787 年 5 月，华盛顿在费城主持召开制宪会议。会议制定了联邦宪法，决定建立联邦政府。1789 年 1 月，华盛顿当选为美利坚合众国第一任总统，4 月，在美国临时首都纽约就职。1793 年连任。

▼乔治·华盛顿，1775 年 5 月第二届大陆会议在费城召开后被委任为大陆军总司令

任内，他尽力发展资本主义工商业和对外贸易；设立合众国银行；成立联邦最高法院。但他主张保存奴隶制。1796 年 9 月 17 日，他在连任两届总统即将到期之时，发表著名的《告别辞》，呼吁全国团结，反对把美国的“命运与欧洲任何一部分的命运纠缠在一起”。他的这些思想，对当时的美国政治生活产生了很大影响。1797 年，华盛顿任第二届总统期满，退居弗吉尼亚的维农山庄。1799 年 12 月 14 日因患喉头炎逝世。

第二章

格物致知
柳暗花明见光芒

本章的主要内容：18 ~ 19 世纪，短短百年的时间里，随着生产力的进一步发展和一些新兴国家的不断建立，手工业发生了一次重大的改革。这就是著名的工业革命，这也是资本主义史上的重要阶段。

工业革命首先在英国发生，它是从使用机器开始的。而机器的发明和使用，最早产生于棉纺织业。例如在棉纺织业中第一项有深远影响的发明——珍妮纺纱机的发明。之后瓦特发明了蒸汽机，从而把人类带入了“蒸汽时代”，同时还推动了交通运输工具的进步，汽船和火车机车相继诞生。

本章内容：

英国工业革命

交通运输的革新及工业革命的影响

英国工业革命

▲珍妮纺纱机，珍妮纺纱机的出现是为了解决 1733 年的“纱荒”现象，这种纺纱机依靠的主要是人力，而且纺出来的纱细很容易断

工业革命是促使工场手工业发展到大机器生产的一次革命，是资本主义发展史上的重要阶段。资产阶级统治在英国确立后，英国的资本主义手工工场迅速发展。18 世纪中期，英国已经成为世界上最大的一个资本主义殖民国家。由于国外市场的不断扩大，工场手工业的生产已不能满足日益增长的需求。为了增加商品的生产，必须改进生产技术。18 世纪 60 年代，工业革命首先在英国发生，它是从使用机器开始的。

珍妮纺纱机的发明 机器的发明和使用，最早产生于棉纺织业。而 18 世纪 60 年代出现的珍妮纺纱机是棉纺织业中第一项有深远影响的发明，一般以此为工业革命的起点。

哈格里沃斯·詹姆斯 (Hargreaves James，约 1720—1778) ，英国发明家，发明了第一台实用的多锭纺纱机。他是一名纺织工人，据说约 1764 年的一天，英国纺织工哈格里沃斯夫妇正在家中劳作，一个纺纱，一个织布。当时他们使用的就是手摇纺车。哈格里沃斯无意中碰翻了纺车，只见那纺锤由水平状态变为直立，却依然转动不停。这个现象引起哈格里沃斯的思索：既然纺锤能垂直转动，那就让几具并排的纺锤同时转动，不就可以纺出好几根纱吗？于是，哈格里沃斯按照自己的设想，亲自动手制作，经过反复试验、改进，终于造出了一部由 4 根木腿组成，机下有转轴，机上有滑轨，带有 8 个竖立纺锤的纺纱机。

哈格里沃斯以爱女“珍妮”的名字为这台新机器命名。以后，又经多次改进，使纱锭从 8 个逐步增加至 18 个、30 个、80 个，效率极大地提高了。“珍妮纺纱机”很快被各工场采用，从根本上缓解了一度困扰着英国纺织业的“纱荒”。“珍妮纺纱机”的发明在纺织史上占有重要地位，恩格斯曾把它称之为“使英国工人的状况发生根本变化的第一个发明”。

此后，英国第一家棉纺厂出现，用水力带动纺纱机运转。如 18 世纪 70 年代末的骡纺机，80 年代中期的水力织布机。

▼图为英国一间纺织厂，从这里可以看出第一次工业革命促进了纺织业的发展

瓦特对蒸汽机的改进 用水力带动机器受到自然条件的限制，因此需要一种更方便、更有效的动力。学徒工出身的机械师瓦特吸收前人成果，制成了改良的蒸汽机。1785 年，这种蒸汽机被用来带动纺织机器。蒸汽机成了带动机器的动力之源，它的发明把人类带入了“蒸汽时代”。

▲瓦特制成的蒸汽机

瓦特（1736—1819）出生于苏格兰，祖父是教师，父亲曾是熟练的造船装配工。瓦特从小身体虚弱，但酷爱学习，在学校里他的数学成绩特别优秀，因病退学后，坚持自学，钻研天文、化学、物理、解剖学，还学会多门外语。后来，因父亲经商失败，他被迫去一家钟表店当学徒。21 岁时，到格拉斯哥大学当修造教学仪器的工人。1764 年，大学里实验用的蒸汽机损坏，瓦特因修理这部机器，便对研究蒸汽机产生了兴趣。

大学实验用的这台蒸汽机主要是由一铁筒和活塞构成，当铁筒中蒸汽将活塞推举上升后，即须洒入冷水使蒸汽冷却，使上升活塞降落。但是筒内加水，就须等待一段时间加热，使筒内始有足够的蒸汽再将活塞推举上升。这种装置既费时，又费燃料，这是这台蒸汽机最大的缺点。

针对这种缺点，瓦特设法加以改良。经过五年的苦思和实验，他在 1769 年制成一部新型的蒸汽机。瓦特改良的蒸汽机，主要是在原来的蒸汽机的铁筒上接装一个真空的冷凝器，冷凝器与铁筒相连处装有舌门。当活塞上升后，铁筒内的蒸汽可经舌门自动进入冷凝器，而不须洒入冷水。这样，活塞就可上下举动，既省时又省燃料。

到了 1782 年，瓦特又设计了一种更精巧的蒸汽机。前次改良的蒸汽机只能上下举动，而这次发明的蒸汽机则可左右往复转动。倘若用曲杆等装置，将其与骡纺机、动力织布机等连接起来，蒸汽机就可以成为推动机器生产的动力机。这样一来，工厂就可移到通都大邑，工业建设不须再受地理环境的限制，还使社会生产力空前提高，从而带动人类从农业和手工业时代进入以大机器生产为特征的工业化时代。

▼瓦特在工作，蒸汽机的发明使人类开始进入“蒸汽时代”

▼工业革命后英国的棉纺厂，工业革命使资本主义由工场手工业生产过渡到了机器大工业生产

交通运输的革新及工业革命的影响

交通运输的革新 进入19世纪后，蒸汽机技术不断完善，它成为车辆、船舶等交通工具上通用便利的动力机器，促成了以铁路建设为代表的交通运输业的繁荣。

▼世界上第一台蒸汽机车，是1814年由英国发明家乔治·史蒂芬逊制造的

1800年后，人们开始研究用蒸汽机作为牵引动力。1814年，英国人史蒂芬逊，研制了世界上第一台蒸汽机车。

史蒂芬逊，英国铁路机车重要发明家。出身矿工家庭，没受过学校教育，19岁时开始操作蒸汽机，工余参加夜校学习并坚持自学。1814年，自己研制了一台蒸汽机车，能以每小时6千米多的速度牵引8辆装有30吨煤的货车。经过不断改进，1825年，他驾驶自己设计的机车，运载450名旅客，以每小时24千米的速度从达灵顿驶到斯托克顿。后来，各界人士请他参与修建利物浦至曼彻斯特的铁路。64千米铁路建成后，曾举

▼蒸汽轮船，这是工业革命在交通运输上的一项重大创造

▲19世纪法国巴黎奥尔塞火车站的设计图，标志着19世纪金属材料建筑的兴起

行一次机车比赛，他的新机车“火箭号”，以时速58千米获胜。

铁路运输的优越性一经确认，英国迅速掀起一股铁路建筑的狂热，不到30年的时间就修建了近万公里的铁路，把各个城市都连接起来了。1840年以后，欧洲大陆和美国也相继开始了大力兴建铁路的时期。

人类水上交通技术的变革，同样也是从使用蒸汽机开始的。1807年，美国人富尔顿发明蒸汽汽船。他使用从英国进口的万能蒸汽机，驱动客轮在哈得逊河航行，揭开了蒸汽轮船时代的序幕。1811年，英国人利用这项发明也很快造出了自己的汽船。这样英国担任远洋航运的商船队的力量就大大加强了。远洋货轮把英国的消费商品运销到世界每个角落，又把英国所需要的各种工业原料、生活用品运回。

交通运输革命从根本上改变了地球上各地区彼此隔绝的状态。它迅速地扩大了人类的活动范围，并加强了各地之间的交往，为世界市场的形成提供了条件。

工业革命的影响 工业革命不仅是一次技术革命，也是一场深刻的社会变革，对人类社会的各个方面都产生了深刻的影响。

工业革命极大地提高了生产力，巩固了各国资本主义的统治。马克思、恩格斯在《共产党宣言》中指出：“资产阶级在它不到一百年的阶级统治中所创造的生产力，比过去一切世代创造的全部生产力还要多，还要大。”

由于采用机器生产，工厂越来越多，手工工场逐渐被挤垮。资本主义生产制度最终取得了统治地位。与此同时，先进的生产技术和生产方式传播到世界各地，也猛烈冲击着旧思想和旧制度。工业革命引起了社会结构的重大变革。工业革命期间，英国工业资

▲以蒸汽为动力的脱粒机

本家大量增加并逐渐形成了工业资产阶级。工业资产阶级逐渐成为资产阶级的主导部分。

在英国，工业无产阶级的历史是从18世纪后半期蒸汽机和棉花加工机的发明开始的。到19世纪20年代，英国已有200万工厂工人和运输工人，无产阶级也正式形成。掌握生产资料的资产阶级为了获取利润，无情地剥削无产阶级，尤其是对于童工和女工的残酷压榨，成为工厂出现初期的普遍现象。因此，无产阶级反对资产阶级的斗争，从无产阶级一出现就开始了。此外，工业革命还促进了近代城市的兴起。

更重要的是，工业革命还推动了世界市场的形成。第一次工业革命“首次开创了世界历史”，它所带来的机器大工业为把国际间的交流推向全球化提供了必要的条件，为全球各地区、各国和各民族的沟通和未来全球一体化奠定了初步的基础。蒸汽机的发明，汽船的航运、铁路的畅通，是国家间、民族间交流所不可或缺的基本技术条件。更为重要的是，它为国际交流提供了经济前提。随着机器大生产取代手工劳动，资本主义商品经济获得迅猛发展，廉价的、新奇的、优质的商品成为打开别国门户、换回工业原料的利炮，由此初步形成了世界市场，并为最终形成世界经济一体化打下了基础。

▼史蒂芬逊的“火箭号”

第三章

恶行昭昭
破除枷锁勇反抗

本章的主要内容：继西班牙、葡萄牙之后，英国、荷兰和法国先后加入殖民争夺。殖民者的掠夺，不仅仅显示了他们的贪婪，而且已经具有强烈的血腥气味。之后通过不断的殖民扩张和掠夺，英国很快就成了世界上最大的殖民国家。了解英国殖民者克莱武在印度疯狂掠夺的史实。

俗话说，“有压迫就会有反抗”。面对残酷的殖民统治，人民忍无可忍，发起了反抗殖民统治的斗争，主要有玻利瓦尔和章西女王领导的两大事件，它们体现了当时被殖民地国家和人民反抗殖民侵略的正义性。

本章内容：

殖民主义的罪恶

血腥的殖民掠夺 英国、荷兰和法国也同西班牙、葡萄牙一样，在殖民地进行着残酷的血腥的掠夺，从而为它们发展资本主义创造了条件。殖民掠夺无孔不入。掠夺方式也是各种各样，或是赤裸裸的暴力抢劫，或是垄断殖民地的生产和贸易，或是进行不等价的交换，等等。总之，殖民地人民的鲜血养肥了殖民者。

英国殖民头子克莱武在侵占孟加拉时，一人就从孟加拉金库中抢走了价值 23 万英镑的金银珠宝，这是典型的暴力抢劫。

殖民国家在殖民地，除了征收赋税和进行劳役外，还垄断殖民地的生产和贸易。荷兰在印度尼西亚推行的政策就在这方面提供了一个典型的例子。印度尼西亚以产香料闻名，而香料又是欧洲一向需求的商品。荷兰殖民者垄断了印度尼西亚的香料贸易，为保持垄断价格，还规定了几种香料的种植地区，不许别的地方生产那几种香料。在香料之外，荷兰殖民者还强迫印度尼西亚农民种植咖啡、甘蔗、蓝靛和烟叶等经济作物，榨取高额利润。

欧洲殖民者在殖民地用极低的价格，购买他们需要的商品，或是以物易物，进行不等价交换。例如，法国殖民者在北美掠夺印第安人，主要是以廉价的布匹、铜壶和火器，换取珍贵的兽皮，如海狸、海獭皮等。

▼豪金斯，他是英国殖民者的一个典型代表

▼英国政府在北美殖民地发行的钱币，这是西欧重商主义产生的标志

灭绝种族和贩卖黑奴 欧洲殖民者对殖民地的掠夺，不仅仅显示了他们的贪婪，而且已经具有强烈的血腥气味。其更为骇人听闻的罪恶，可以从他们推行种族灭绝政策和贩卖黑人奴隶的罪行上充分表现出来。

欧洲殖民者无不在殖民地屠杀当地人民。他们在美洲对印第安人采取了种族灭绝政策。他们强迫印第安人开矿或从事农耕，工作特别艰苦，造成印第安人大批死亡。同时，他们还任意屠杀，例如古巴和巴哈马群岛的印第安人几乎被屠杀殆尽。英国在北美殖民地甚至无耻地做出正式决定，剥下一张印第安人的头盖皮，就可以获得很高的奖金等。

随着欧洲殖民者的拓殖，美洲的种植园发展起来了，种植甘蔗、棉花、烟草、蓝靛，给殖民地种植园主人带来了巨大的财富。他们发现当地的印第安人已经提供不了足够的劳动力，

▲非洲人眼中的殖民者

于是买进大批的非洲黑人，用来作为奴隶。罪恶昭著的贩奴活动由葡萄牙殖民者开头，欧洲其他殖民国家也都纷纷参与。奴隶贩子在贩卖黑人的过程中形成了一本万利的“三角贸易”制度。

▲19世纪下半叶美洲殖民地的人民在劳作

贩奴活动使非洲深受其害，殖民国家特别是英国赚了大量带有血腥的钱。另外，英国、荷兰和法国都由国家特许，组织了许多贩卖奴隶的贸易公司。因此，靠贩卖奴隶，许多海港城市发展起来。

以上讲到的黑奴贸易方式，显示了欧、非、美之间的“三角贸易”。事实上，当时还存在另一个“三角贸易”，那就是定居在北美新英格兰的英国殖民者参与的奴隶贸易。他们从加勒比海地区的牙买加运来糖浆制成甜酒，把甜酒运往非洲换回黑人奴隶；把黑人奴隶运到牙买加或北美南方口岸交换糖浆，再运回新英格兰制成甜酒。如此往复循环，使资本家和奴隶贩子获得暴利。美国独立以后，种植园奴隶制度继续发展，对奴隶的需求日增。美国奴隶贩子的生意发达，他们在贩奴贸易中成为“后起之秀”。

▶辛勤劳作的黑人奴隶，他们是为白人劳作的，从这里可以看出黑人奴隶在当时的社会中没有丝毫地位，深受白人的剥削

最大的殖民国家

▲荷兰人的日常生活

17世纪开始，英国、荷兰、法国几乎同时起步，踏上了殖民扩张的道路，继西班牙、葡萄牙之后，成为新兴的殖民国家。这三个国家都组织了许多商业的垄断公司，如臭名昭著的“东印度公司”。

这三个国家的殖民扩张，是相互争夺的过程。最后英国战胜荷兰、法国，取得世界殖民大国地位。掠夺殖民地财富，是资本原始积累的一个因素，也是英国发展为发达资本主义国家的决定因素。

克莱武（1725—1774）出生于英国希罗普郡的斯泰切庄园，父亲是一位议员。由于读书不用功，学业无成，克莱武在1743年就去了印度，在英国东印度公司当职员，不久投身军队。1751年，英国支持的印度王公被法国支持的印度王公围困，克莱武带人成功地解围，初露头角。1753年回到英国，两年后又返回印度，担任圣戴维堡的英军总督，中校衔。不久，他领人参加了东印度公司争夺孟加拉的战斗。1757年初，克莱武带领军队占领加尔各答，并取得了英军在加尔各答的驻防权。这一年6月，克莱武击败了莫卧尔帝国的孟加拉总督的军队，完全控制了加尔各答。东印度公司便任命他为孟加拉总督，开始

▼荷兰贸易的船只是荷兰当时开展对外贸易的主要运输工具

统治孟加拉。占领孟加拉期间，他大肆掠夺，抢夺了大量财富，受到了英国统治阶级的赞赏。1760 年，他回到英国。1762 年，他成为爱尔兰贵族，称为普拉西的克莱武男爵，后来还成为议员。1764 年，由于英国在印度吃紧，东印度公司要他再度出山，任命他为孟加拉总督和驻印英军总司令。第二年，他到达加尔各答，对东印度公司和驻印英军进行整顿，遭到了极大抵制。1767 年，他回到英国。1773 年，英国议会宣布他“对国家做出巨大贡献”，给予了极高荣誉。1774 年，他在伦敦自己的住所自杀。

▲英国贵族豪华的住所，反映出当时封建贵族们在经济政治上努力同资产阶级相一致

17 世纪上半期，在英国资产阶级革命胜利的过程中，英国向“海上马车夫”——荷兰挑战，发动了三次英荷战争。结果，荷兰在哈得逊河流域的殖民地被英国夺取，改名纽约，新阿姆斯特丹改名纽约城。打败荷兰以后，英国的主要对手就是法国了。从 17 世纪晚期到 18 世纪中期，两国为争夺欧洲的霸主地位和世界殖民霸权，几次进行战争。英国最终打败了法国，使得北美的英国殖民军攻占魁北克等战略要地，夺取了法国在北美大陆的加拿大和密西西比河以东的殖民地，成为世界最大的殖民国家。

▼东印度公司的商船开始出发时的画面，这是 1600 年英国东印度公司成立后募集资金 1.8 万英镑，筹办的第一次亚洲贸易航行

反抗殖民统治的英雄

▲玻利瓦尔

玻利瓦尔（1783—1830）西属拉丁美洲独立运动的领导人。出生于委内瑞拉加拉加斯城的一个土生白人贵族家庭，曾经在加拉加斯和马德里接受教育，受到了启蒙运动的影响，游历过法国等欧洲国家。1807 年回到加拉加斯后，进行反对西班牙殖民统治的斗争。1811 年，委内瑞拉国民议会通过《独立宣言》，成立委内瑞拉共和国。他进入军队，获上校军衔，任一个要塞的司令。

第二年，委内瑞拉共和国被西班牙军队镇压。他流亡到新格拉纳达，号召人民起来反对西班牙的殖民统治，解放委内瑞拉和南美洲。1813 年，他率领 300 人打回委内瑞拉，解放加拉加斯，重建共和国，任最高执政官，被授予“解放者”称号。但是，1814 年 7 月，共和国再次遭到西班牙军队的镇压。1815 年，他流亡牙买加，发表《牙买加来信》，号召人民继续战斗。1816 年，在海地革命政府的支持下，他率领军队在委内瑞拉登陆，对殖民军展开进攻。他宣布解放奴隶，许诺战后分给战士土地，得到了人民的拥护，队

▼玻利瓦尔率领军队攻打西班牙军队

伍迅速壮大。1818 年，他再次成立共和国，当选总统。第二年解放波哥大。同年 12 月，委内瑞拉同新格拉纳达联合成立大哥伦比亚共和国，他出任总统。1822 年，解放厄瓜多尔，后厄瓜多尔也加入大哥伦比亚共和国。1822 年 7 月，他同圣马丁会晤。1823 年，他指挥军队进入秘鲁作战。第二年，在瓜亚基尔彻底击溃西班牙在美洲的殖民军队。1829—1830 年，委内瑞拉和厄瓜多尔脱离大哥伦比亚共和国。第二年，他辞去总统职务。同年底在哥伦比亚逝世。

▲玻利瓦尔翻越安第斯山

章西女王 拉克希米·巴依（1835—1858）是中印度北部章西土邦的女王，亦称章西女王。她是 1857—1859 年印度民族大起义的领导者之一。拉克希米·巴依生于贝拿勒斯。儿童时就学会了骑马、射箭。1842 年，年仅 8 岁的她嫁给了章西土王，成为章西王后。1853 年她的丈夫去世，没有留下儿子，她便以章西女王的身份，开始执政。英国殖民当局以章西王绝了男嗣为借口，兼并了章西的领土，还抢走了章西王留下的大部分财产。章西女王义愤填膺，当着英国殖民官吏的面说：“我决不放弃我的章西！”1857 年 5 月印度民族大起义开始后，章西女王也于 6 月初在章西发动起义。起义胜利后，拉克希米·巴依再度登上章西的王位。1858 年 3 月，英国殖民当局在集中兵力攻下德里、勒克瑙后，向章西进攻。章西女王担任了起义军的总指挥，在城内东奔西走，组织反击。4 月，章西城被攻陷，女王经人劝说，连夜突围，到外地坚持斗争。在瓜廖尔根据地，女王自愿担任了东门的防守任务。在战斗中，女王被英国骑兵包围，她毫无惧色，独自一人还击包围她的敌人。一个英国骑兵从后面向女王的头上砍了一刀，女王的头部受了伤，但她仍骑在马上挥舞佩刀。前面的敌人又向她的胸部砍了一刀，女王头部胸部鲜血直流，还是用尽最后一点力气把前面那个敌人砍翻在地。章西女王牺牲时年仅 23 岁。

▼在英国殖民统治时期，数百万印度人丧失生命，残酷的剥削使印度人最终发起反英大起义

油画《彼得大帝审问王子阿历克赛》，历史学家认为，彼得大帝为改革派，王子为保守派。作者：盖依

第四章

推陈出新
陈规旧制须解放

本章的主要内容：首先讲的是自从美国独立后，领土从大西洋沿岸扩张到太平洋沿岸。而领土的扩张，有利于美国资本主义经济的发展，但同时也扩大了美国南北之间的矛盾，进而导致了南北战争的爆发。

接着讲的是近代俄国的发展概况。19世纪中期，俄国的资本主义工业有了发展，但速度缓慢，主要原因是受到农奴制的阻碍。1861年俄国签署了废除农奴制度的法令，这是俄国历史上的一个重大转折点。之后，沙皇俄国力图建立一个大的俄罗斯帝国，因此不断地向外扩张。

最后讲的是幕府统治末期，日本仍然是一个闭关锁国的封建国家。19世纪50年代，美国敲开了日本的大门。此后，外货充斥、黄金外流，人民生活更加恶化。日本掀起了倒幕运动，1868年推翻了幕府统治。明治天皇政府实行了改革，史称“明治维新”。

本章内容：

南北战争

俄国的革命

日本明治维新

美国南北战争

美国领土的扩张 为了满足资本家和奴隶主扩张领土的要求，刚刚独立的美国政府很快就走上了对外扩张的道路。独立后的美国领土包括密西西比河与大西洋之间的地区，北部同英属加拿大接界，南部同西班牙领地佛罗里达接界，西面连接着路易斯安那。1803 年，美国趁法军镇压海地革命遭到失败和法国忙于欧洲战争的时机，以低价从法国手中购买了面积达 200 多万平方千米的路易斯安那，把美国的领土面积扩大了一倍。1810—1819 年，美国采取先派兵强占，然后出低价“购买”的手段从西班牙手里夺走了佛罗里达半岛。19 世纪 30 年代，美国唆使得克萨斯脱离墨西哥，后又把其并入美国。美国还抢走了墨西哥格兰德河以北的大片领土，一直到濒临太平洋的加利福尼亚。1846 年，美国从英国手中取得俄勒冈。这样，美国领土从大西洋延伸到太平洋，约占北美大陆的一半。美国向西部扩张领土的过程也是屠杀和驱赶印第安人并霸占其土地财产的过程，少量幸存的印第安人被赶到荒凉的西部边远地区，圈进“保留地”，过着悲惨的生活。19 世纪下半期，美国继续扩张。1867 年，从俄国购得阿拉斯加。1898 年，又吞并了夏威夷，基本上形成现今美国的疆域范围。

▼林肯像

内战的爆发 1860 年，林肯成为共和党的总统候选人，11 月，选举揭晓，他以 200 万票当选为美国第 16 任总统，但在奴隶主控制的南部 10 个州，他没有得到 1 张选票。林肯当选总统的消息传出后，美国南北矛盾迅速扩大，坚持蓄奴主义的南方把林肯的当选看作一场灾难，

▼俄勒冈移民家庭中的宗教活动的画面，由此可见当时人们对宗教的信仰

▲林肯和他的同僚正在讨论解放黑奴的问题

南卡罗来纳州在林肯宣誓就职之前退出联邦，战争一触即发。由于美国的普选制深入人心，随着新总统的当选，国家权力的顺利交接渐成美国的传统。这当中仅有一次例外，出现在1861年3月林肯就任总统之时。

在3月4日就职典礼的当天早晨，同情南方的人们聚集在街头巷尾散布流言蜚语，甚至传闻有刺客蓄意行凶。陆军司令特意采取了预防措施，派出士兵在宾夕法尼亚大街两侧警戒，还在国会大厦附近派驻了一个炮兵连。实际上，那天是平静的。林肯宣誓就职后，由骑兵护送前往白宫，开始履行总统职务。但是战争已经不可避免。林肯就职一个月以后的4月12日，南部联邦的军队攻击了政府的一个要塞，南北战争爆发了。

1863年，北方军队转入反攻。1865年内战以北方胜利告终。美国内战北方的胜利，维护了国家的统一，废除了黑人奴隶制，不仅为美国资本主义发展扫除了最大的内部障碍，而且为以后的经济发展创造了有利条件。

北方的胜利 由于南方军队早有准备，战争初期北方军队连连战败。为了扭转战局，人民群众要求政府采取措施。在人民的推动下，1862年政府通过的《宅地法》，还颁布了《解放黑人奴隶宣言》。这两个法令提高了人民群众和黑人奴隶的革命热情，从而，战争形势开始有利于北方。

为了满足人民对土地的需要，《宅地法》规定，凡是美国公民，只要交10美元手续费，就可以在西部得到一块土地，

▼美国南北军队激战的场面；美国南北战争以北方胜利告终，这就为美国人民争得了一系列民主成果，为美国资本主义的发展开辟了新道路，是美国第二次资产阶级革命

连续耕种5年后，这块土地就成为他的私有财产。

▲这是美国内战的场面，1862年政府通过的《宅地法》颁布后，调动了北方人民的革命积极性，使他们积极参与美国内战

《解放黑人奴隶宣言》规定从1863年元旦起废除叛乱各州的奴隶制，并允许奴隶作为自由人参加北方军队。1862年9月22日，林肯颁发了《初步解放宣言》。当年年底，林肯签署了经过修改的《最后解放宣言》。他在签署了这个文件后庄严宣布："在我的一生中，从来没有比此刻签署这个文件时更加坚信自己是正义的。"

《解放黑人奴隶的宣言》被马克思称赞为"联邦成立以来的美国史上最重要的文件"。它规定从1863年1月1日起，南方各州的黑奴"永远获得自由"，"可参加合众国军队"。这些措施，激发了广大人民群众特别是黑人的革命积极性，很快就有50万～75万工人参加了军队，南方有50万黑人逃离种植园，在敌人后方广泛开展游击战，牵制了奴隶主的10万军队，使南方在经济上濒临崩溃。

根据这个宣言，美国从法律上废除了奴隶制。1863年7月1日，南北双方军队在宾夕法尼亚州的葛底斯堡进行了关键性战役。北军获胜，战局从此向有利于北方的方向发展。1864年11月，林肯第二次当选总统。当选后，林肯尽最大的努力要求参众两院通过宪法第13修正案——宣布蓄奴非法。这项历史性的宪法修正案于当年终于获得通过。1865年4月14日晚，林肯在华盛顿的福特剧院遇刺身亡。5月4日，林肯葬于橡树岭公墓。林肯领导美国人民维护了国家统一，废除了奴隶制，为资本主义的发展扫除了障碍，促进了美国历史的发展，100多年来，受到美国人民的尊敬。马克思曾经这样评价林肯："他是一位达到了伟大境界而仍然保持自己优良品质的罕有的人物。这位出类拔萃和道德高尚的人竟是那样谦虚，以致只有在他成为殉道者倒下去之后，全世界才发现他是一位英雄。"

◀亚伯拉罕·林肯是美国第16任总统，1865年4月14日，在剧院遇刺身亡

林肯为维护国家统一和解放黑人奴隶做出的贡献，使他成为美国历史上的著名总统。

经过这次内战，美国不仅废除了奴隶制度，而且还扫清了资本主义发展的又一障碍，为以后经济的迅速发展创造了有利的条件。

俄国的改革

▲地主毒打农奴的情景，可见当时的农奴被束缚在土地上，没有人身自由，生活极端困苦，像牲口一样地任凭资本家打骂

俄国废除农奴 19世纪中期，俄国国内阶级矛盾激烈，废除农奴制已势在必行。但对于废除的方式，存在着革命和改良两种可能。1861年3月3日，亚历山大二世正式签署改革法令和关于废除农奴制度的特别宣言。

主要内容有：1. 宣布农民有人身自由，包括有权离开土地，有权拥有财产，有权以自己的名义进行诉讼、立约等活动。地主不能买卖或交换农奴，不能禁止农民结婚，也不能干涉农民的家庭生活。但在农民和地主订立赎地契约之前，农民对地主还负有“临时义务”，还须继续受地主的奴役和支配。2. 农民在获得“解放”时，可得到一块土地，但必须出钱赎买。农民必须先付赎金的1/5～1/4，其余由政府从国库拨款付给地主，农民在以后49年内，每年附加利息以“赎地费”的形式偿还国家。但授予农民的土地，在法律上仍是地主的财产，农民只有“永久使用”权。

▼亚历山大二世在位期间，正式签署了废除农奴制度的法令，规定了永远废除农奴制

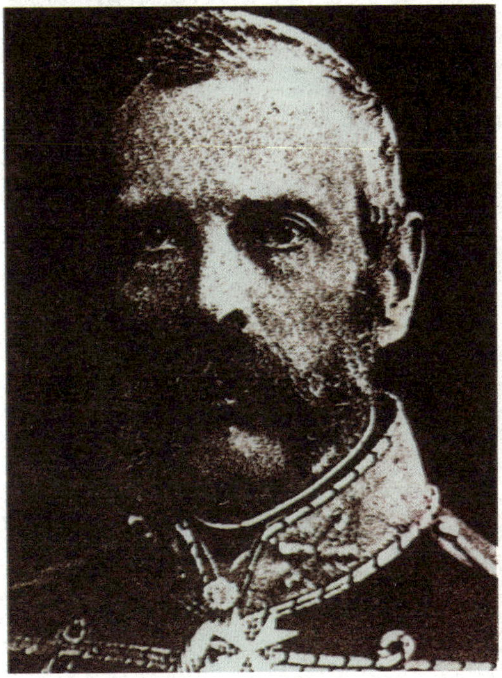

从上述内容可以看出，1861年改革实际上是一次对农民的大掠夺。

农民在改革中分到的土地，按1861年的土地市价计算，仅值5亿多卢布，但到1905年为止，农民共交付了20亿卢布赎金。农民虽然付出了高昂的赎金，但分得的土地的面积比改革前减少了，质量也更坏了。因为地主趁机把最好的土地割走，把最坏的土地留给农民。在肥沃的黑土地带，地主平均割去农民使用土地的1/4；在全国，地主把农民原先使用土地的1/5割去。改革前，地主和农民共用的水塘、牧场及森林也都归地主所有。

改革以后，全俄每个农民平均分得3.4

▲图为俄罗斯现实文学的奠基人之一果戈里，他的名著《死魂灵》中描写的就是农奴的悲惨遭遇，这不仅仅是文学创作也是俄国农奴生活的真实写照

俄亩的土地。由于土地减少，农民经济上更加不能自立，他们不得不在受奴役的条件下向地主租地。这样，获得“解放”的农民又在“工役制”或“对分制”的形式下，重新受到地主的盘剥。这些剥削方式都是农奴制的残余。

沙皇俄国的侵略扩张 俄国历代沙皇都野心勃勃，积极向外扩张，力图建立一个庞大的俄罗斯帝国。

在欧洲，早在16世纪中期，俄国就侵吞了伏尔加河下游的地区，控制了通向里海的航道。稍后，又兼并了第聂伯河以东的乌克兰。但沙俄仍是个内陆国家。彼得一世和他的后继者，都一心想打通“朝向欧洲的窗户”。为此，沙俄不断使用武力，从瑞典、土耳其手里先后夺得波罗的海和黑海的出海口。

在亚洲，早在16世纪下半期，俄国就越过乌拉尔山，向西伯利亚扩张。17世纪中期，俄国曾一度侵入中国的黑龙江和乌苏里江流域。到19世纪晚期，沙皇俄国先后割占中国领土150多万平方千米。

19世纪，沙皇俄国又通过一系列战争，先后侵占了高加索和中亚广大地区。到20世纪初，沙皇俄国已经成为一个拥有2200万平方千米土地，地跨欧亚两洲的大帝国。

▼生活贫苦的俄罗斯农民

▼俄罗斯贵族与他的农奴们

日本明治维新

倒幕前的日本 19世纪中期，日本仍是闭关锁国、落后的封建国家。天皇、将军、大名和武士都属于封建统治阶级，高居于人民之上。当时掌握实权的是德川幕府。

由于商品经济的发展，封建经济开始瓦解，资本主义生产关系逐步形成。在一些经济发达地区，资本主义的手工工场占据统治地位。当时全国雇工10人以上的手工工场已经有三四百家。江户、大阪、京都等城市成为商业中心。一些商人和高利贷者成为新兴地主。有些大名也开始经商，一部分武士因生活日益窘迫，只好从事劳动。这些大名和武士对将军不满，要求改变现状，同商人、新兴地主日益接近。

1837年反对幕府暴政的大盐平八郎在大阪领导武装起义。虽然起义当天就被镇压下去，大盐平八郎不久就自杀了，但是这次起义却成为要求推翻幕府统治的一个信号。

▲19世纪60年代末的日本的农村，尽管西方文明已经进入了日本国内，但当时日本的农村仍然处于未开化的落后状态

武装倒幕 19世纪中期，西方列强在打开亚洲许多国家的大门以后又来敲日本的大门。1853年7月，美国东印度舰队司令佩里率领一支舰队闯入日本浦贺港，要求直接和幕府将军谈判"通商"，否则就要动用武力。

第二年，日本被迫同意佩里的舰队在江户湾登陆，不久双方又在横滨签订了所谓的《日美亲善条约》。

▼美国打开日本的大门，1853年7月，美国东印度舰队司令佩里率领一支舰队闯入日本浦贺港，要求直接和幕府将军谈判"通商"，否则就要动用武力

日本的门户从此被打开了。

1867年明治天皇继承王位。1868年改年号为明治元年。他即位初期，正是倒幕运动高潮。倒幕派从他那里取得密诏，宣布武装讨幕，最终推翻了德川幕府统治，建立了近代天皇制专制政权。此后明治天皇政府在政治、经济、文化教育方面实行一系列资产阶级性质的改革，称为明治维新。从此，日本逐步走上资本主义的发展道路。

▲1872年东京街头的景象，从这里就可以看出西方文化对日本社会的影响

明治维新 幕府覆亡以后，明治天皇政府实行一系列资产阶级性质的改革。政治方面“废藩置县”，加强中央集权；经济方面允许土地买卖，引进西方技术，鼓励发展近代工业；社会生活方面提倡“文明开化”，努力发展教育。这些改革是在明治年间进行的，因此称为“明治维新”。

明治政府把全国分成3府72县，县知事由中央任命。这一措施，结束了当时日本政治上的分裂状态，保证了国家的统一。明治政府还宣布士农工商平等。废除大名等贵族称号，改称华族，武士改称士族，农民、商人、手工业者统称平民。允许平民有选择职业的自由，允许华族、士族和平民通婚。

明治政府承认土地私有和买卖自由。新兴地主从中获利，广大农民的土地要求没有得到满足。为了迅速发展工商业，明治政府出钱建立了大批工厂，扶植、保护私人企业，修建铁路，发展邮政和电讯事业。

▼伊藤博文和朝鲜王子，伊藤博文早年就曾经参加过明治维新运动，1885年起四度出任首相，执政期间曾发动过中日甲午战争，夺取中国领土台湾，并将朝鲜置于日本统治之下

▼明治维新后，日本开始发展海上力量

◀明治天皇像，明治天皇在位期间将首都由京都迁往江户并改名为东京，之后还颁布了一系列废除封建制度、发展资本主义的改革措施，历史上称“明治维新”

明治政府颁布“学制令”，规定了统一的学制；仿照欧美，设立新式学校，强制普及初等教育。政府提倡学习欧美的资本主义文明，盖洋楼，吃西餐，穿西服，改变传统的日本发型。为了加强国防力量，明治政府开始实行征兵制，建立起一支贯彻“武士道”精神、效忠天皇的“皇军”。这支新建的军队很快就成为日本对外扩张的工具。

明治维新是日本历史上的一次政治革命。使日本摆脱了沦为半殖民地国家的危机，从一个闭关锁国的封建国家，逐步转变为资本主义国家。但是，这次改革并不彻底，保留了不少残余。但日本由此强大起来，很快就走上了对外侵略扩张的道路。

▶关原大会的战图，家康是德川幕府最著名的将军，1600 年与政敌石田展开了决战，进而确立了自己的霸权

马克思和恩格斯

第五章

拨云见日 顺应潮流革命起

“要创造人类的幸福，全靠我们自己。”国际歌这样唱道。

本章的主要内容：首先讲的是19世纪30～40年代，工人运动在欧洲兴起，发生了著名的三大工人运动。其中最主要的就是1836～1848年，英国发生的规模宏大的宪章运动。这次运动一共经历了3次高潮，持续了大约12年。它是英国无产阶级第一次独立的政治斗争，也是世界上第一次群众性的政治性的无产阶级革命运动。

之后随着工业革命的进行和资本主义的不断发展，无产阶级已作为独立的政治力量登上了历史舞台。19世纪40年代，马克思、恩格斯顺应时代的需要，创立了科学社会主义。

最后讲的是历史上体现巴黎公社革命精神的“五月流血周”和创作《国际歌》的主要过程。

本章内容：

欧洲早期的工人运动

科学社会主义的诞生

巴黎公社的斗争故事

欧洲早期的工人运动

▲皮尔漫画，皮尔是英国的首相

1832年英国的议会改革法案，没有给工人带来选举权。1834年，议会通过了新济贫法，实际上剥夺了失业者和贫民得到社会救济的权利。如果要救济必须进入济贫院，在济贫院里遵守监狱般的纪律，接受繁重的但又是非生产性的劳动，家庭被拆散，生活极为艰苦。这种做法，目的在于迫使失业工人贱价就雇。积极参加议会改革斗争的工人阶级认识到他们受到了工商业资产阶级的欺骗，看到了议会立法的资产阶级实质。英国无产阶级觉悟的提高，产生了宪章运动。工人相信，不取得选举权，就不能改善自己的境遇。他们展开了新的改革选举的群众运动，要求按民主原则改革议会的下议院。工人的要求写在《人民宪章》上，这次运动遂以“宪章运动”的名称载入史册。

《人民宪章》是由伦敦工人协会草拟的。这个协会在1836年6月由木工洛维特为首的一些工人和手工业者创立。1837年6月，《人民宪章》以议会法案的形式提出。它要求：(1)成年男子享有普遍选举权；(2)议会每年改选一次；(3)议会议员无薪；(4)选举采取秘密投票方式；(5)设立平等选区，保证平等的代表权；(6)废除候选人的财产资格限制。

争取实现《人民宪章》的宣传由伦敦开始，迅速遍及全英国。各地举行盛大的群众大会，到会的人常常数以万计。演说者发表具有战斗性的演说。有人更把争取选举权的要求同无产阶级的生活联系起来，说“宪章主义并不是为你们争得选举权等等的政治问题，宪章主义是饭碗问题”。有人公开号召起

◀英国的穷人和富人画像，从这里可以看出当时穷人深受着富人的剥削和压榨

义。起初，参加宪章运动的不仅有小资产阶级分子，而且还有资产阶级分子，成分庞杂。在运动的当前目的和最终目的上，在达到目的手段上，都有不同的意见。以洛维特为首的一群人成为运动中的右派，代表小资产阶级的利益，主张用和平方式达到改革的目的。左派的代表人物有鄂康诺、奥布雷恩、哈尼等人，代表工人阶级的要求。他们主张，如果议会拒绝《人民宪章》，就运用一切手段斗争，直到总罢工和武装起义。他们的口号是:“如果可能，我们和平解决；如果必须，我们武力解决。”

▲英国工人举行罢工运动的场面

▲英国殖民者在殖民地监督当地雇工劳作

1839 年出现了宪章运动的第一次高潮。7 月间，要求实施《人民宪章》的请愿书提交议会，在请愿书上签名的有 125 万人。当议会拒绝请愿书的时候，宪章主义者准备号召举行总罢工。由于缺乏团结，总罢工没有能够实现。英国政府采取了严厉镇压手段，逮捕了鄂康诺和奥布雷恩等领导人物，判处他们 18 个月徒刑。许多地区的起义刚一发生就被军队镇压下去了。

▲英国资产阶级镇压工人运动，工人运动的发展也迫使资产阶级做出一定的让步

但是，宪章派很快地恢复了力量。1840 年，全国宪章协会成立，这是英国的一个工人党。它成长很快，不久就拥有 4 万名会员。1841—1842 年，英国遭遇到新的经济危机，促进了宪章运动的第二次高潮。那时候，宪章运动已经具有更纯粹的无产阶级性质。1842 年，宪章派向议会送交了第二次请愿书，在上面签名的有 300 万人。

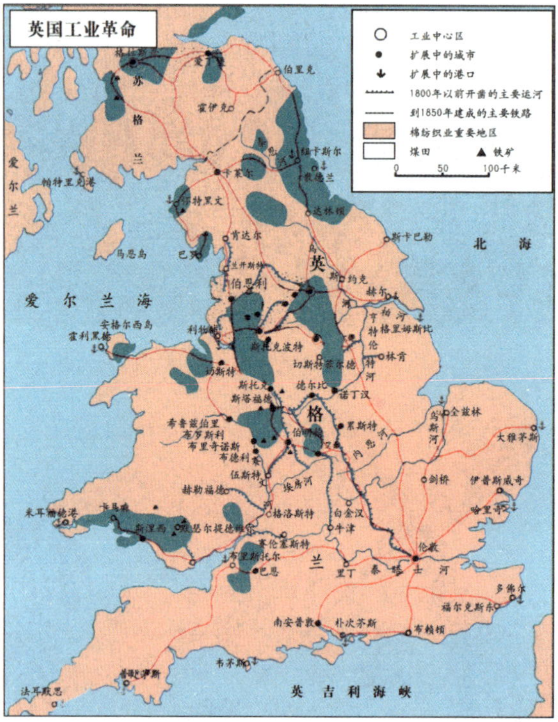

▲英国工业革命形势图，工业革命后，英国成为世界上最大的一个工业国

▼英国兰开郡一家钢铁厂工人的劳动场面

这一次，宪章派除了要求实行《人民宪章》以外，还要求实行10小时工作日制，保障工人不受资本家的迫害，实现合理的工资，等等。这些要求再度被议会拒绝的时候，许多城市的工人举行了总罢工，有的地方发生了起义。英国政府再次残酷地镇压。成百的宪章主义者被法院审判，鄂康诺又被判处徒刑。运动再一次转入低潮。1848年，宪章运动又出现了一次高潮，但是随后就完全消沉了。

鉴于无产阶级的斗争威力，英国统治阶级不得不做一些让步。1847年，被迫实施对女工和少年男工的10小时劳动日法案。在宪章运动的旗帜下，英国工人阶级起来反抗资产阶级的政权，标志着英国工人群众性政治运动的开端，突出地反映了宪章运动的历史意义。

科学社会主义的诞生

▲马克思，1818 年诞生在德国莱茵省特利尔城的一个律师家庭；中学时代，他就深受启蒙思想的影响，立志为人类的解放事业而服务

无产阶级反对资产阶级斗争的深入，特别需要理论的指导。无产阶级革命导师马克思、恩格斯适应时代的需要，在吸收人类优秀文化遗产的基础上，创立了科学社会主义。

1847 年底，马克思和恩格斯在伦敦出席了国际无产阶级的革命组织——共产主义者同盟代表大会，并受委托起草同盟纲领，这就是 1848 年 2 月发表的《共产党宣言》。

《共产党宣言》分析了阶级斗争在社会历史中的作用，指出了资产阶级和无产阶级产生、发展的过程，揭示了资本主义必然为社会主义代替的客观规律，阐明了无产阶级是资本主义掘墓人的历史使命，号召全世界无产者联合起来，为获得自己的解放而斗争。

这是国际共产主义运动的第一个战斗纲领。它的发表，标志着科学社会主义的诞生。从此，无产阶级有了自己最锐利的思想武器，国际共产主义运动蓬勃开展起来。

▼《共产党宣言》第一版的封面，1848 年恩格斯与马克思起草的《共产党宣言》在欧洲发表，它的发表标志着马克思主义的诞生

▶恩格斯，1820 年出生在德国莱茵省巴门市一个纺织厂主的家庭，他从小聪明好学，遵从父亲的意愿，中学毕业就去经商

巴黎公社的斗争故事

巴黎公社自起义开始，就一直处在反动军队的包围之中。资产阶级临时政府同德国俾斯麦政府勾结，集结力量，向巴黎公社发动进攻。巴黎人民进行了英勇抵抗。

1871 年 4 月 6 日，反动军队分三路进攻巴黎，攻占了公社的许多据点。由东布罗夫斯基领导防御的一条 10 千米长的防线，一直顶住比自己多 7 ~ 9 倍的敌人，坚持了 20 多天，使敌人无法前进一步。但由于敌我力量对比悬殊，5 月 21 日，反动军队攻下圣克鲁门和附近的堡垒，进入巴黎。巴黎公社战士同敌人进行顽强的巷战，开始了历史上有名的“五月流血周”。5 月 22 日，公社号召人民拿起武器，同敌人进行坚决斗争，男女老少都积极投入了保卫公社的浴血战斗中。他们把每条街巷，每座建筑物，每间房子都变成了阵地，把一切能够利用的东西都拿来修筑街垒，日夜同敌人进行殊死决战。5 月 27 日，最后一批公社战士约 200 人撤到巴黎东郊的拉雪兹公墓，同 5000 名敌军战斗，直到弹尽粮绝，他们在一堵墙边激昂高呼：“公社万岁！”之后全部壮烈牺牲。后来为

▼公社社员墙

▲《巴黎的围困》

纪念公社的革命先烈，人们把这堵墙称为“公社社员墙”。28 日，反动军队占领了整个巴黎，公社领导人东布罗夫斯基、里果、瓦尔兰等在这一天为公社事业流尽了最后一滴血。

巴黎公社虽然失败了，但它是无产阶级推翻资产阶级统治，建立无产阶级专政的第一次尝试，它充分体现了无产阶级的革命首创精神和彻底的革命精神、爱国主义精神。

公社失败后，敌人进行疯狂的报复，5 万多人被捕。但公社战士表现出的精神，永远激励着后人。公社委员欧仁·鲍狄埃在公社失败后不久挥笔写下了气势磅礴的《国际歌》，就是一个例子。

1888 年 6 月法国工人比尔·狄盖特为巴黎公社诗人欧仁·鲍狄埃于 1871 年 6 月所作的诗篇谱曲。同年 7 月 23 日由作曲者领导的合唱团“工人的里拉”在里尔的售报工人集会上首次演唱。19 世纪末始用于国际无产阶级隆重集会，并逐渐流传至世界各地。原诗分六段，1920 年即有汉译。1917—1944 年苏联采用为国歌，歌词用原诗的第一、二、六段。1923 年起从俄译转译的歌词传唱于中国。1962 年又经订正。歌词中的“英特纳雄耐尔”是 International 的音译，通常解释为国际共产主义。

1929 年的美国失业工人

第六章

众彩纷呈
百舸争流快扬帆

本章的主要内容：19 世纪最后 30 年和 20 世纪初，科学技术的进步和工业生产的高涨，被称为近代历史上的第二次工业革命。世界由“蒸汽时代”进入“电气时代”。

由于 19 世纪 70 年代以后发电机、电动机相继发明，远距离输电技术的出现，电气工业迅速发展起来，电力在生产和生活中得到广泛应用。内燃机的出现及 19 世纪 90 年代以后的广泛应用，为汽车和飞机工业的发展提供了可能，也推动了石油工业的发展。原有的工业部门如冶金、造船、机器制造以及交通运输、电讯等部门的技术革新加速进行。之后，爱迪生发明电灯泡，标志着电器开始在人类社会中得到了广泛的使用，同时对人类生活质量的提高有着重要的作用。

本章内容：

电力的广泛使用

汽车和飞机的诞生

电力的广泛使用

发电机、电动机的发明和进步 第二次工业革命从19世纪六七十年代开始，在19世纪末20世纪初基本完成。它以电力的广泛运用为显著特点。在电力的使用中，发电机和电动机是相互关联的两个重要组成部分。发电机是将机械能转化为电能；电动机则相反，是将电能转化为机械能。发电机原理的基础是1819年丹麦人奥斯特发现的电流的磁效应以及英国科学家法拉第发现的电磁感应现象。1866年德国人西门子制成了自激式的直流发电机。但这种发电机还不够完善，经过许多人的努力，发电机逐步得到改进，到19世纪70年代，终于可以投入实际运行。1882年，法国学者德普勒发现了远距离送电的方法；同年，美国发明家爱迪生在纽约建立了美国第一个火力发电站，把输电线联接成网络。

▲福特，美国汽车大王，1896年制造了第一台装有两个汽缸、只能前进不能倒退的汽车

另一方面，随着对电能需求的显著增加和用电区域的扩大，直流电机显示出成本昂贵、常出事故等问题，所以从19世纪80年代起，人们又投入了对交流电的研究，交流电具有通过变压器任意变化电压的长处。1885年意大利科学家费拉里斯提出的旋转磁场原理，对交流电机的发展有重要的意义。80年代末90年代初，人们创制出三相异步电动机，这种形式的电动机，至今仍在使用。1891年以后，较为经济、可靠的三相制交流电得以推广，电力工业的发展进入新阶段。

▼福特汽车厂"T"型汽车组装生产线，这类型的汽车很适合在泥泞道路上行驶

▼德国纽伦堡直流发电机的制造厂，发电机的发明制造促进了电气化时代的到来

内燃机的创制和使用 内燃机的发明是第二次工业革命中应用技术的又一项重大成果。1876年，德国人奥托制造出第一台以煤气为燃料的四冲程内燃机，成为颇受欢迎的小型动力机。1883年，德国工程师戴姆勒又制成以汽油为燃料的内燃机，具有功率大、重量轻、体积小、效率高等特点，可作为交通工具的发动机。

1885年，德国机械工程师卡尔·本茨制成第一辆汽车，这部汽车使本茨第一个获得汽车

专利。接着，德国工程师狄塞尔又于1897年发明了一种结构更加简单，燃料更加便宜的内燃机——柴油机，这种柴油机虽比使用汽油的内燃机笨重，却非常适用于重型运输工具。它不仅用于船舶发动机，而且用于火车机车和载重汽车。

以内燃机为动力的汽车作为一种新的运输工具，发展也很迅速。19世纪90年代，世界各国生产的汽车每年只有几千辆，到了第一次世界大战前夕，世界的汽车年产量已猛增到50万辆以上。

内燃机的发明和使用还推动了石油开采业的发展，加速了石油化工工业的产生。美国在内战前夕的1859年，已在宾夕法尼亚州发现石油，钻出第一口油井，但石油最初只用于照明。随着内燃机的广泛应用，对燃料油的需求猛增，人们开始大量地开采和提炼石油，石油的产量迅速增长。

▲图为福特汽车厂停放的汽车，自从开创生产装配线，福特的汽车产量就大增

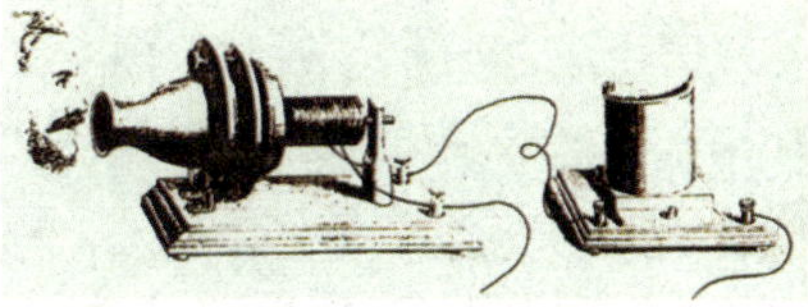

▲第一部电话，这是在一次实验中，由于机械故障贝尔偶然发现电波上的一块振动的铁片，触发联想，制造了电话

▲在实验电话的贝尔及其助手，他们在不断地改进制造原理，从而研究出了电话机的制造原理

新通讯工具的发明 第二次工业革命前，有线电报就已经问世。美国人莫尔斯1837年制成一台电磁式的电报机。后来，他在华盛顿与巴尔的摩之间架设了一条61千米长的实验性电报线，1844年5月24日正式完成了电报传讯的重大实验。特别是莫尔斯利用长短脉冲的不同组合，编出了至今仍在使用的英文字母电码，这被称为莫尔斯电码。

第二次工业革命期间，通讯工具的发展又有了长足的进步。在1876年美国费城世界博览会上，从苏格兰移居美国的贝尔展示了当时被称为“远听器”的电话，引起轰动。电话技术得到改进和推广，迅速发展起来。

▼在美国定居的苏格兰人贝尔

1880年，贝尔电报公司成立，它就是今天美国电话电报公司（AT&T）的前身。19世纪80年代，德国物理学家赫兹证明了电磁波的存在，并测量出电磁波的波长和速度。意大利人马可尼利用赫兹的发现，制成无线电报通信设备。1894年，他使用极为简陋的装置，开始了短距离的无线电报实验；1899年，他在英法之间发报成功；两年后，横跨大西洋发报成功。

汽车和飞机的诞生

卡尔·本茨（1844—1929），德国机械工程师。提出轻内燃机的设计，解决了自蒸汽机问世以来持续了200年的内部燃烧的难题，并在1885年把第一台性能可靠的轻内燃机应用于公路运输。第一辆汽车在其后部的单人座后面放着单缸四冲程发动机，劈啪作响冲到街上。这部发动机燃烧汽油，最大转速250转／分钟，输出功率0.6千瓦，车速13千米／小时。为此，他被称为“汽车之父”。本茨生产的汽车以他的名字命名，在我国译成“奔驰”。后来，德国工程师狄塞尔于1897年制成高压缩型自动点火内燃机，使用柴油代替汽油。随着内燃机的发明和不断改进，内燃机不仅成为工业上主要动力机，它还推动了交通工具的革命，汽车的速度越来越快。19世纪末，汽车每天已能行驶700千米，而马车通常每天只能行驶60千米。同时，内燃机的出现，也使人类实现伴随鸟飞翔的梦想成为可能。

莱特兄弟的第一架飞机试飞成功 1903年12月17日，莱特兄弟制造的第一架飞机“飞行者1号”在美国北卡罗来纳州试飞成功。

对此，人们持怀疑态度。这年年初，颇受敬重的美国科学家西蒙·纽康发表看法，证明靠机动力量进行飞行是不可能的。在7年前，德国著名的航空界先驱奥托·利林塔尔驾驶自己制造的飞行器坠毁身亡。

▼图为莱特兄弟制造的第一架飞机“飞行者1号”

莱特兄弟在代顿的自行车修理厂里解决了阻碍重于空气的飞行器进行飞行的难题。他们的一项重要发明是运用可动的翼梢来控制飞机，这是别人从未解决过的问题。他们还制造出18.4千瓦（25马力）轻型引擎，这种引擎比从前任何一种都轻，但提供的动力比以前大。两兄弟接着在风洞

里试验了他们自己设计制造的一系列比例模型。

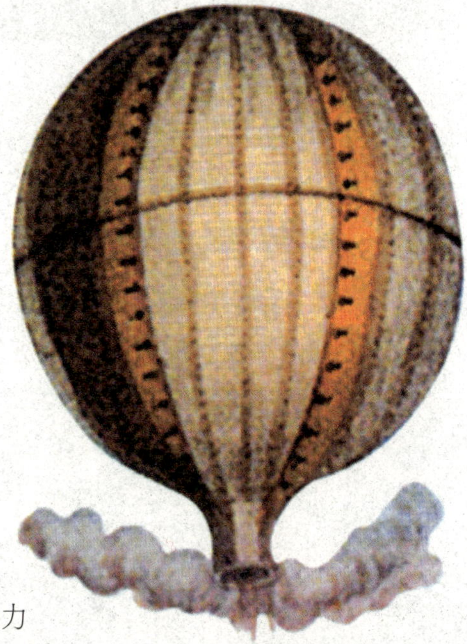

▲人类的第一次飞翔是乘坐氢气球

奥佛·莱特和韦伯·莱特两兄弟本来经营自行车，对机械制造技术十分在行，是当时众多的飞行爱好者之一。他们从1896年开始研究飞行，并立志制造出一架用引擎驱动的飞机来。与其他飞行设计爱好者不同，他们很重视理论，并阅读了空气动力学方面的有关文献。为了读李塔尔的著作，他们还顽强地学会了德文。

经过数年的反复摸索，莱特兄弟终于制造出了第一架飞机“飞行者1号”。

1903年12月17日，奥佛驾驶该机在北卡罗来纳州的基蒂霍克海滩成功地进行了一次动力飞行，飞行距离为36米，在空中逗留了12秒；随后，又由哥哥韦伯做了一次飞行，结果在59秒内飞行了259.7米。第一架飞机就这样诞生了。

之后莱特兄弟继续对飞机进行改进，并于1904年和1905年分别造出了“飞行者2号”和“飞行者3号”。1905年10月5日韦伯驾驶的“飞行者3号”持续飞行了38分钟，航程达39公里。也就是说，“飞行者3号”实际上已经具有了实用效能。

莱特兄弟确信一个飞行器的时代已经来临。之后的几年，他们一面改进飞机性能，一面在世界各国做飞行表演，向人们显示人类飞行之梦已经成真。

▲T型车，亨利·福特一直想制造“大众化的汽车”，终于成功了

第一次世界大战废墟

第七章

合纵连横 战火燃烧烽烟起

本章的主要内容：在资本主义经济政治发展不平衡规律的作用影响下，帝国主义国家围绕着争夺霸权和殖民地，展开激烈斗争。欧洲列强之间的矛盾错综复杂，但基本矛盾有三对，即法德之间的矛盾、俄奥之间的矛盾和英德之间的矛盾。这就导致两大敌对的帝国主义军事侵略集团——三国同盟和三国协约的形成。20 世纪初，以英、德为首的两大帝国主义军事集团展开疯狂的扩军备战活动，大搞军备竞赛，两大军事集团的竞争日益激烈，国际关系极度紧张，危机频发，一场世界战争一触即发。之后的凡尔登战役使得第一次世界大战发生了转折，从这场战役就可以看出，大战给人类社会带来了巨大的灾难。

本章内容：

三国同盟和三国协约的形成

第一次世界大战给人类社会带来的灾难

三国同盟和三国协约的形成

什么是三国同盟 1879年，德俄关系日趋紧张，德国担心俄国和德国的宿敌法国结盟对付自己，便加紧拉拢奥匈帝国。1879年8月27日，德国宰相俾斯麦与奥匈帝国的外交大臣安德拉西秘密会谈，谋求缔结反俄同盟。经过多方交涉，10月7日，《德奥同盟条约》在维也纳签订。

该条约的主要内容是如果两国中其中一国遭到俄国的进攻，两国应以全部的军事力量实行互助；如果其中一国遭到另一国家进攻，缔约国的另一方应对其盟国采取善意的中立，但是，如果进攻的国家得到俄国的支持，缔约国双方应共同作战直到共同议和为止。

▲协约国的士兵

德国的真正目的是孤立法国，在同奥匈结盟以后，又开始拉拢意大利。德国先是怂恿意大利同法国竞争北非，1881年，法国从阿尔尼利亚入侵突尼斯，意大利虽然对突尼斯觊觎已久，但在与法国的争斗中无力反击，决定投靠德、奥。经过多方讨价还价，1882年5月，德、奥、意三国在维也纳签订同盟条约。条约规定如果意大利遭到法国的进攻，德国和奥匈帝国应以全力援助，如果德国遭到法国的进攻，意大利也要担负同样的义务；如果缔约国的一国或两国遭受两个或两个以上的大国（指法、俄）进攻，缔约三国应协同作战。但是，意大利对此有一个保留条件，即如果是英国进攻德国或奥匈，意大利则不予援助，同时，还规定，如果一个大国（指俄国）攻击缔约一国时，另外两国应该保持善意的中立，也就是一旦发生俄、奥战争，意大利将保持中立。这个条约的有效期虽然只有5年，但后来三国4次续订。这样，三国同盟最终形成。但是，意大利始终是三心二意的，第一次世界大战爆发以后，意大利以中立和参战为手段，向交战双方讨价还价，后来由于协约国方面满足了它的要求，它便参加协约国一方作战。1915年5月向奥匈宣战。三国同盟破裂。

什么是三国协约 19世纪80年代后期，德俄矛盾又趋加深，俄国同法国的关系开始密切起来。1892年8月，法俄两军的总参谋长签订了秘密军事协定，规定：如果德国或意大利在德国支持下进攻法国，俄国应用它的所有军队进攻德国；如果德国或奥地利在德国的支持下进攻俄国，法国应用它的所有军队与德国作战。

▲英国军队在第一次世界大战中使用的坦克

1893 年 12 月 15 日和 1894 年 1 月 4 日，法俄两国政府以来往信函的方式正式通知对方军事协定已经获得批准，法俄正式结成同盟。19 世纪末 20 世纪初，随着德国实力的急剧膨胀，英国感到自己的地位受到越来越大的威胁，它决定放弃传统的独立政策，开始向法俄靠拢。1904 年 4 月，英国和法国签订了瓜分殖民地的协约。

这个协约的主要内容是：法国不干涉英国在埃及的行动，英国承认法国在摩洛哥有维护安宁和协助改革的权力；划定两国在暹罗（即今天的泰国）的势力范围：以湄公河为界，西半部是英国的势力范围，东半部是法国的势力范围；法国放弃在纽芬兰独占的捕鱼权，英国则让给法国西非一些殖民地。同时，秘密条款还规定，双方政府之一如为“情势所迫”，也可变更埃及或摩洛哥的现状。但是自由贸易、自由通行苏伊士运河、直布罗陀海峡南岸禁止设防等原则仍继续维持。

通过协约，英法两国的矛盾解决，双方利益趋向一致。此后，英俄为了对付共同的对手德国也开始调整相互之间的关系，1907 年 8 月，英国和俄国在彼得堡签订了分割殖民地的协定。这个协定的主要内容是：划定波斯（即今天的伊朗）东南部为英国的势力范围，北部为俄国的势力范围，两者之间是一个中立地带，对英俄两国平等开放；俄国承认阿富汗在自己势力范围之外，并承允英国代替阿富汗的外交。英国则声明不变更这个国家的政治地位；尊重西藏的领土完整，不得干涉它的内政，只可经过中国政府中介与它进行交涉。因为西藏是中国的领土，这项内容很明显是对中国主权的侵犯。这样，所谓的“三国协约”最终形成。但是，与三国同盟不同的是三国协约没有签订一项共同条约，只有法国和俄国是负有军事义务的同盟国，英国却没有承诺承担军事义务。两大军事集团形成以后，相互竞争，最终导致了第一次世界大战的爆发。

▼战场上的俄国士兵，俄国也是第一次世界大战的战胜国之一

第一次世界大战中的凡尔登战役

1914—1918 年的第一次世界大战，给人类社会造成巨大的物质和精神损害，从凡尔登战役就可以看出。而它产生了两方面的重要结果：

一是严重削弱了帝国主义和殖民主义的力量。摧毁了俄罗斯、德意志、奥匈、奥斯曼四大帝国，即使是战胜的英国、法国和意大利等也被削弱。

二是为俄国十月社会主义革命的胜利创造了有利条件，并促使战后资本主义国家的无产阶级革命运动和亚、非、拉美的民族解放运动出现新高潮。

第一次大战开始后，法英军队同德军在西线展开了激战，西线战场成为第一次世界大战期间的一个主要战场。1914—1915 年，德军在各个战场上都没有取得决定性的胜利，急于改变战场局面。1916 年，德军集中大量兵力向法国的凡尔登要塞发动了进攻。开战前，法军并没有意识到凡尔登要塞的重要性，驻守凡尔登要塞的法军兵力只有 4 个师 10 万人和 270 门大炮，而进攻凡尔登的德军兵力却达到 10 个师 27 万人，而且都是精锐部队，由德国皇太子亲自率领。1916 年 2 月 21 日上午 10 点 15 分到下午 4 点 45 分，德军集中了所有炮火猛轰凡尔登，把凡尔登附近的战壕几乎全部摧毁、森林烧光，甚至连山头也被削平。同时，德军的飞艇还对法国的铁路线进行轰炸。24 日，法军总参谋长到达凡尔登，传达死守命令。法军的死守，造成了德军的进攻速度缓慢。但是，由于

▼第一次世界大战中，法军在敌军的枪林弹雨中艰难地渡河

▲图为德军舰艇被击沉的场面，1914—1915 年，德军在各个战场上都没有取得决定性的胜利，局面开始被动

法军的失误，德军在 25 日占领了部分法军阵地，法军阵地被切成数段，与后方的交通线也被切断。凡尔登危在旦夕。这时，法军统帅部意识到凡尔登的命运同法国的命运已经连在一起，于是，法军急调援军，并任命法军第二集团军司令贝当为凡尔登地区法军总司令。

25 日，贝当到达凡尔登要求士兵死守，不准后退，并在 27 日后的一周内调集了 27 万援军和大量军事物资。这期间，每昼夜有 6000 辆法军汽车到达凡尔登。法军信心大增，阻止了德军的进攻。三四月间，德军虽然发动了进攻，但都没有取得预期的效果。5 月，双方进入了消耗战。从 3 月开始，法军向盟军求援，俄军在东线发动了进攻，英军也接替了部分法军防线，使法军第十集团军得以调往凡尔登。6 月 7 日，德军发动了第三次大规模进攻，占领了部分法军阵地。法军由于得到了大量援军，最终挡住了德军的进攻。7 月 11 日，德军进攻停止，战场主动权开始向法军转移。在此期间，4 月，贝当调走，第二集团军司令尼维尔成为凡尔登法军总司令，他在 1916 年的 10 月和 12 月两次发动反攻，夺回了被德军占领的失地。

12 月 18 日，凡尔登战役结束。凡尔登战役中，法军总兵力的 70 个师中有 66 个师先后参加了凡尔登战役，而德军也有 46 个师投入战斗。双方伤亡的总兵力高达 70 万人，其中，法军损失略多。因此，凡尔登战役也被称为“凡尔登绞肉机”。就在凡尔登战役激烈进行之时，为了减轻凡尔登法军所受压力，英法联军 7 月 1 日在索姆河一带发动了大规模的进攻。在这次进攻中，英国军队首次把坦克投入战场。索姆河战役的规模和激烈程度都超过了凡尔登战役，这次战役双方军队的损失人数在 120 万人以上。11 月，索姆河战役才结束。凡尔登战役和索姆河战役之后，双方重新进入阵地战，由于德国的人力和物力资源都远不如英国和法国，长期的消耗战明显对德军不利，从此德军开始走下坡路，因此，凡尔登战役被称为第一次世界大战的转折点。

▼反映第一次世界大战期间各国国内阶级矛盾的绘画

拼贴画《组装起来》
作者：美国黑人艺术家比尔敦

第八章
应接不暇 文化之火竟燎原

本章的主要内容：文艺复兴以后的欧洲，随着资本主义的产生和发展，自然科学逐渐从神学的束缚中解放出来。17 世纪以来的三四百年，是自然科学迅速发展的时代。比如在数学和物理学方面最有成就的是牛顿、爱因斯坦，在生物学方面最有成就的是达尔文。

与此同时，文学也空前繁荣，出现了许多伟大的文学家，比如伏尔泰、莎士比亚、托尔斯泰等。他们创作的文学作品，都反映了当时资本主义时代的精神。

而在艺术方面的发展，主要表现在绘画和音乐上。近代的绘画在表现内容上突破了以统治者和贵族的肖像为主的局限，例如达·芬奇的《最后的晚餐》以及凡·高的《向日葵》。近代音乐的代表人物是贝多芬。

本章内容：

自然科学的发展

文学的发展

近代艺术的发展

自然科学的发展

▲牛顿

近代数学 在17世纪，数学的发展突飞猛进。法国学者笛卡尔创立了解析几何学，实现了几何和代数的结合。解析几何是研究和解决某些运动变化问题的有力工具，因此，笛卡尔实际上把变量引进了数学，实现了数学的转折。英国科学家牛顿和德国数学家莱布尼茨，完成了许多科学家所进行过的工作，分别独立地建立了微积分学，从而使精密的测量和变量计算有了可能。

力学体系 在科学上，牛顿的贡献是多方面的，最重要的是在力学方面。他发表的科学巨著《自然哲学的数学原理》，提出了物体机械运动的三大定律和万有引力定律。这些定律构成一个统一的体系，把天上和地上的物体运动概括在一个理论之中。因此，人们把牛顿力学体系的建立作为近代科学形成的标志。这是在人类认识史上对自然规律的第一次理论性的概括和综合。

理论的威力在于预见。19世纪，人们观察到，天王星的运动与理论计算的结果之间存在较大的偏差，根据牛顿理论的推测，在天王星之外应有另一颗行星。不久有人根据牛顿力学计算了这颗新的行星的质量、轨道和位置。1846年9月23日夜间，在预先算好的位置上发现了这颗新的行星，即海王星。冥王星也是在类似的情况下于1930年被发现的。这证明了牛顿理论的预见性、科学性。

▼牛顿发现万有引力，牛顿出生在英国林肯郡沃尔斯索普村的一个普通的家庭，被后人称为科学巨人

电磁学的成就 17世纪初，英国人吉尔伯特发现了天然磁石的性质，“电”这个词还被应用到英语中。但在19世纪以前，人们始终把电和磁看做没有关系的两

▲1821年的法拉第，他生活在生产力解放的第一次技术革命时代，1831年经过无数次实验终于发现了电磁感应现象，为人类走向电气化时代开辟了道路

▲科学家拉瓦锡以及他的氢气转变成水的装置，拉瓦锡是通过化学反应提出质量守恒定律的第一个人，他的理论使化学的发展步入正轨，被称为现代化学之父

回事。直到19世纪初，丹麦教授奥斯特观察到通电的导线附近发生磁针转动现象，人们才认识到，电和磁是存在着一定联系的。30年代，英国科学家法拉第用实验证明：导体在磁场中运动时可以产生电流，机械能可以转化为电能。电磁感应现象的发现，是19世纪电磁学的辉煌成就，为制造发电机创造了可能，从而开辟了人类生活中的新时代——电的时代。

化学的发展 17世纪时，英国科学家波义耳把严密的实验方法引入化学中，他被称为近代化学的创始人。17世纪末出现的“燃素说”，统治化学近100年。燃素说认为，燃素是化合物燃烧时析出的一种特殊的物质。直到18世纪末，法国科学家拉瓦锡指出，根本不存在燃素这样的物质，说明燃烧是燃烧的物质和空气中的氧进行化合的过程。拉瓦锡还是通过化学反应提出质量守恒定律的第一人。他的理论使化学的发展步入正轨。

19世纪初，英国科学家道尔顿创立了科学的原子论。他指出，各种物质的原子具有不同的重量；化合物是由以一定数量关系结合起来的原子组成的。不久，意大利科学家提出体积相等的气体所含的分子数

▼欧洲一家天然橡胶制品厂繁忙生产的景象，19世纪中叶欧洲的化学进入了飞速发展的阶段

▲赫胥黎画像

相等的想法，提出了分子的概念。19 世纪四五十年代，人们力求把分子与原子概念应用化学中。在物质分子——原子结构学说确立之后，化学才取得飞速的发展。

19 世纪 60 年代末，俄国化学家门捷列夫注意到元素的化学性质是随原子量的增加而呈现周期性变化的。他发现了化学元素周期律，并制定出了化学元素周期表。他还根据周期表预言了当时还没有发现的一些元素的化学性质，后人的发现证明了他预言的正确。周期律的发现，是无机化学的系统化和大综合。

生物学的进步 近代的生物学受中世纪神学的束缚最大，因此 17 和 18 世纪的生物学家，只能在不触犯教会禁令的情况下，对动植物的形态、生理以及分类做些具体的研究工作。17 世纪早期，英国科学家哈维建立了血液循环学说，对人体的工作原理有了正确的基本了解，是现代生物学的起点。

19 世纪早期，细胞学说确立。19 世纪中期，英国科学家达尔文创立了生物进化论学说。他指出，生物母体生出的众多后代，为攫取生活的必需条件而斗争。众多的后代不会绝对相同，其中优秀的物种在生存竞争中取胜了，其他的被淘汰了。这就是优胜劣汰。达尔文把变异和自然选择看做新物种起源的首要因素。

进化论是对生物学的一次伟大综合。达尔文的学说证明了“造物主”即神根本没有存在的必要，将“变化”“发展”等观念引入科学领域，使人类在思想上发生了跃进。

▼人类的近亲黑猩猩，赫胥黎认为，科学事实证明人类和类人猿是最相似的；赫胥黎是英国科学家，也是达尔文的学生，他在科学的许多方面都有很深的造诣，是他最先提出人猿同祖的

▼爱因斯坦，一位伟大的科学家，同时也是人类史上最富有传奇色彩的人物之一

▲流亡美国的犹太人，其中前排右二是爱因斯坦

达尔文的热烈拥护者和宣传者是著名的进化论学者赫胥黎。19世纪60年代，法国科学家巴斯德奠定了微生物学的基础。

物理学的新进展 19世纪晚期和20世纪早期，物理学发生了革命性的变化。先是德国科学家伦琴发现放射现象，接着是法国科学家居里夫妇发现放射性元素镭。这些发现把人们引向一个新的王国——微观世界。

20世纪初，德国科学家爱因斯坦提出了著名的物理学的相对论。相对论认为：时间和空间不是绝对不变的，而是随着物质的运动而变化的；物质质量是随着运动速度的变化而变化；质量和能量是可以互相转化的，转化的公式为$E=mc^2$，即能量等于质量乘光速平方。这个质能转化原理就是利用原子能的理论基础。相对论的提出是物理学思想的一次重大革命。

爱因斯坦的相对论，否定了牛顿的绝对时空观，从本质上修正了由狭隘经验建立起来的时空观，更深刻地揭示了时间和空间的本质属性；同时也发展了牛顿力学，把牛顿力学概括在相对论力学之中，牛顿力学只是相对论力学在低速运动状态时的一个特例。

据此，有人认为相对论的建立使牛顿在历史上的光辉被抹掉了，这是相对论被承认之后引起的许多误会之一。但爱因斯坦说，在牛顿时代，牛顿的道路，是一位具有最高思维能力和创造力的人所能发现的唯一的道路；牛顿所创造的概念，至今仍然指导着我们物理学思想。

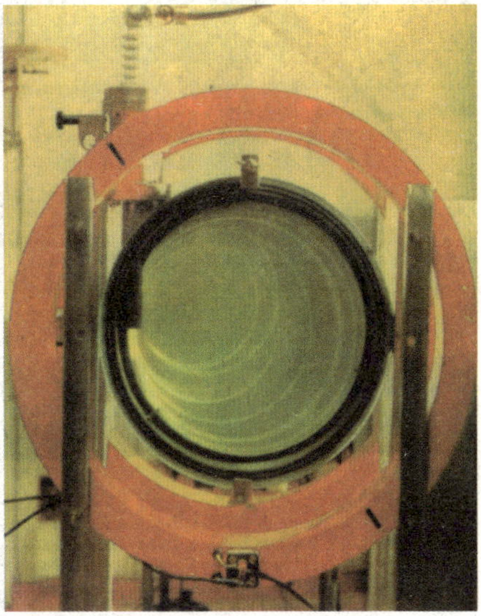

▶重力场的实验装置，这次实验使爱因斯坦否定了牛顿的“运动是绝对的”观点，标志着物理学的一次新的革命

文学的发展

18 世纪，启蒙运动兴起。这个时期的文学像古典主义一样强调理性，但它提倡厚今薄古，让资产阶级登上文学舞台。英国的笛福在小说《鲁滨孙漂流记》中，塑造了资产阶级心目中的英雄人物，反映了资本原始积累时期资产阶级的精神面貌。法国是启蒙运动的中心，著名的启蒙思想家伏尔泰等都是重要的启蒙文学家。

这一时期，德国最杰出的文学家为歌德。他的代表作是创作了将近60年的《浮士德》，主人公浮士德是永不停止地追求美满人生的象征。

伏尔泰 （1694—1778）原名佛兰苏阿·玛利·阿鲁埃，伏尔泰是其笔名。他出生于巴黎，自幼受过良好教育。他从小就喜爱文学，立志当文学家，中学毕业后就成为一名无职业的文人。

▲伏尔泰像

18 世纪，伏尔泰成了启蒙运动的旗手。1717 年，伏尔泰因为写讽刺作品攻击宫廷的淫乱生活，被投进巴士底狱，被关了 11 个月。1718 年，他发表了悲剧《俄狄浦斯王》，并在巴黎上演，受到观众的热烈欢迎，而他则一举成名，从此用伏尔泰作笔名。

伏尔泰用其笔名发表了很多不朽的著作。

莎士比亚 （1564—1616）是 16 世纪后期到 17 世纪初英国最著名的作家，也是欧洲文艺复兴时期人文主义文学的集大成者，本·琼斯称他为“时代的灵魂”。

他一共写了 37 部戏剧，154 首 14 行诗，两首长诗和其他诗歌。长诗《维纳斯与阿多尼斯》和《鲁克丽丝受辱记》均取材于罗马诗人维奥维德吉尔的著作，主题是描写爱情不可抗拒以及谴责违背“荣誉”观念的兽行。

早期（1590—1600）的作品有：历史剧如《理查三世》《亨利三世》等，喜剧如《仲夏夜之梦》《第十二夜》《皆大欢喜》等，

◀年轻时代的歌德

▲莎士比亚是英国著名戏剧家和诗人

◀歌德出生的地方，他于 1749 年 2 月 28 日出生在莱茵河畔的法兰克福市，从小就学会了好几门语言，爱好文学，富有幻想，11 岁就根据神话写了一个剧本

悲剧《罗密欧与朱丽叶》。

中期（1601—1607）：代表作《哈姆雷特》《奥赛罗》《李尔王》《麦克白》。这时期所写的喜剧《终成眷属》《一报还一报》等也同样具有悲剧色彩。

晚期（1608—1612）：其创作风格也随之表现为浪漫空幻，如《辛白林》《冬天的

▼《罗密欧与朱丽叶》电影剧照

▲《仲夏夜之梦》剧照，此剧是根据莎翁原作改编的

▲列夫·托尔斯泰像

故事》《暴风雨》等。

马克思称莎士比亚为“人类最伟大的天才之一”。恩格斯盛赞其作品的现实主义精神与情节的生动性、丰富性。莎士比亚的作品几乎被翻译成世界各种文字。1919 年后被介绍到中国，现在已有中文的《莎士比亚全集》。

列夫·托尔斯泰 19 世纪的俄国文坛涌现出了一批大作家。普希金的一些诗歌成了反对沙皇专制统治的革命号角。果戈里的讽刺喜剧《钦差大臣》揭露、嘲笑了俄国封建官僚社会的丑恶。

▼图为中文版的《安娜·卡列尼娜》，这是列夫·托尔斯泰 1873—1877 年完成的第二部著名长篇小说

列夫·托尔斯泰（1828—1910），俄国现实主义文学最伟大的代表。1828 年 8 月 28 日生于莫斯科以南不远的贵族庄园雅斯纳斯·波良纳。1844 年求学于喀山大学，三年后退学回家经营庄园。1852 年从军高加索，同年发表处女作《童年》（与后来发表的《少年》《青年》合成自传体三部曲），开始文学活动。1856 年发表《塞瓦斯托波尔故事》，开创了俄国文学描写战争的现实主义传统，为作者赢得了名声。

1863—1869 年，他完成了史诗性的长篇小说《战争与和平》。1873—1877 年完成了第二部著名长篇小说《安娜·卡列尼娜》。1889—1899 年完成了集中体现他晚年的思想和艺术特征的长篇小说《复活》。

被公认为世界文学史上最光彩夺目的杰作之一的《战争与和平》是一部描写拿破仑入侵时期，俄罗斯波澜壮阔的人民战争的史诗。

近代艺术的发展

▲凡·高自画像

凡·高的一生 凡·高（1853—1890）出生在荷兰一个乡村牧师家庭。他是后印象派的三大巨匠之一。

凡·高在荷兰接受教育并长大，在海牙和伦敦接受作为艺术经纪人的培训。其后他去比利时的一个荒凉矿区工作，在那里他开始运用昏暗的色调描绘穷矿工的苦难生活。1886年，他来到巴黎，并在此接触到了许多印象主义画家。此时，因为他采纳了印象主义和点彩派的绘画技巧，他的作品变得明亮起来。但是真正的变化发生在1888年2月份他去法国南方的艾尔斯（Arles）生活以后。南方充沛的阳光和温暖的气候令他感到吃惊，此时34岁的他开始运用充溢着鲜艳色彩的厚重笔触发展自己与众不同的绘画风格。

▲《向日葵》，凡·高最具代表性的作品之一

高更的艺术 高更（1848—1903）不是以画家身份开始他的职业生涯的，他先是作为商船中的一名海员，其后又在巴黎当股票经纪人。在结婚并有了孩子以后，他于1870年左右开始把绘画当作一项业余爱好来从事。1874年，他认

▶《黄肤色的基督》（1889），高更创作于布列塔尼

▲《手拿水果的塔西提妇女》(1893 年)，高更

识了毕沙罗，并开始与印象主义艺术家交往，在他们最后的四个画展中展出作品。1883 年，他放弃了所从事的工作，把绘画当作他的职业，但是他却不得不为寻找买家而苦苦努力。尽管如此，为了致力于艺术，他抛弃了家庭，生活在布列塔尼阿凡乔村的一群艺术家中间。在此他开始发展他与众不同的绘画技巧，就像人们在《黄肤色的基督》中看到的那样。人物和树木已变得程式化，几乎是稚拙派风格（像孩子的画），而且以块状，以彩绘玻璃或日本木刻版画的艺术手法运用色彩。这表明他大大背离了印象主义的创作风格。

贝多芬的成就 西方世界有史以来最伟大的作曲家之一，他的作品集古典主义音乐之大成，开浪漫主义音乐之先河，是一个承前启后的伟大音乐家。

贝多芬（1770—1827）出生于德意志波恩市一个音乐世家。他的祖父是当地宫廷合唱团和管弦乐团的团长，父亲则是合唱团的歌手。祖父去世以后，父亲酗酒成性，以致家境日益贫困。贝多芬在 11 岁时就不得不离开了学校，18 岁就开始养家糊口。贝多芬自幼就表现了极高的音乐天赋，尤其是在钢琴演奏方面。1783 年，他进入波恩歌剧团当上了一名钢琴演奏员。1787 年，他来到当时的音乐之都维也纳，向莫扎特学习。但是，因为母亲病故，他不得不回家奔丧，学习了两个月就离开了。1792 年以后，他在维也纳定居下来，在这里，他曾经向海顿等人学习作曲。1795 年，他在维也纳举行了他的个人钢琴公演。

1800 年，他又举行了一次大型的演奏会，演奏了海顿、莫扎特等人和自己的作品，一举成名。1802 年以后，他的耳疾日益严重，1809 年以后失聪，从此，他的大部分时间和精力都用来作曲。失聪之初，他非常痛苦，一度想自杀，但他以惊人的毅力，战胜了耳聋带来的巨大困难，创作了大量不朽的音乐作品，如《第三（英雄）交响曲》《第五（命运）交响曲》《第九（合唱）交响曲》《月光奏鸣曲》等都是脍炙人口的不朽之作。1824年，他在维也纳上台指挥演出，演出结束时，观众报以暴风骤雨般的掌声，但他却全然不知，直到几位现场演员扶他转身面向观众时才知道。贝多芬崇尚法国大革命带来的民主和自由思想，热情关注个人的自由和尊严。在他的音乐中他试图证明一个观点，这就是音乐的力量可以不借助语言文字传达一种人生哲学。同时，他在音乐方式上也是一位改革者。他开拓了奏鸣曲、交响曲、协奏曲和四重奏的范围，例如他在《第九交响曲》中采用了前所未有的方式把声乐和器乐结合起来，让人耳目一新。

▲贝多芬

▼19世纪欧洲的音乐大师，正在弹琴的是著名的音乐家李斯特，旁边观看的是贝多芬以及文学家拜伦等人

第三部分
世界现代历史

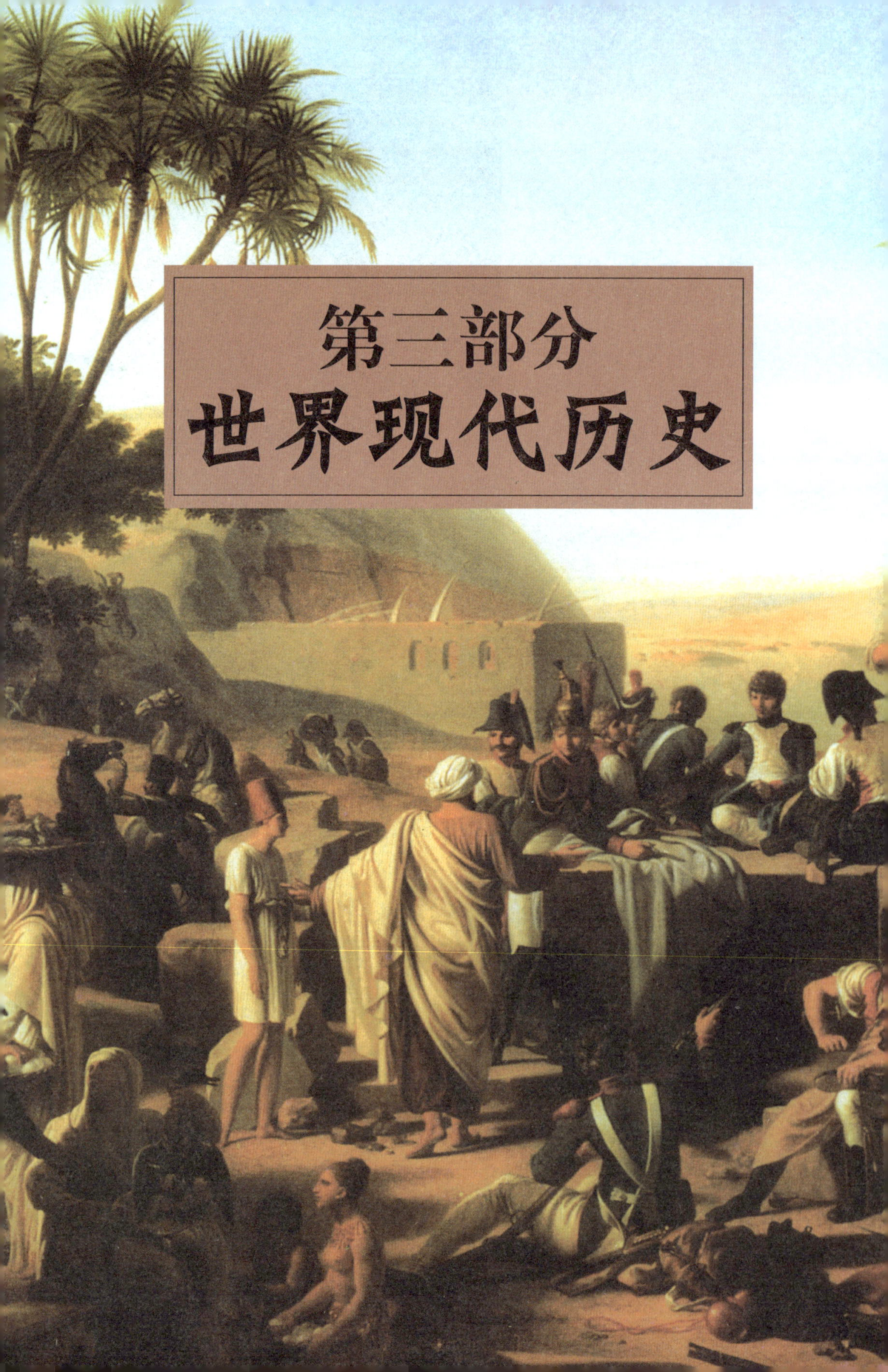

第一章

闪闪红星 开辟历史新纪元

本章的重要内容：首先介绍的是1917年由列宁亲自领导的十月革命。它开辟了人类历史新纪元，同时也是世界现代史的开端。它是一次深刻的社会革命，诞生了世界上第一个社会主义国家。接着介绍的是列宁在社会主义建设方面所做的探索。虽然苏联社会主义建设取得了巨大成就，但在经济政治体制上也存在着严重的弊端。

本章内容：

第一个社会主义国家的诞生

苏联社会主义建设的成就和失误

第一个社会主义国家的诞生

沙皇俄国参加了第一次世界大战。那时，俄军在前线接连失利，伤亡数百万人；后方农田荒芜，粮食产量剧减，企业倒闭，债台高筑，经济濒于崩溃。1917 年爆发二月资产阶级民主革命，推翻了沙皇专制制度。统治俄国 300 余年的罗曼诺夫王朝覆灭了。

二月革命的结果，形成了两个政权并存的局面。革命期间，彼得格勒工人士兵代表苏维埃是武装起义的领导机关，革命后，它作为革命权力机关管理国家事务。另一个是资产阶级临时政府，它得到了当时在苏维埃中占多数席位的孟什维克和社会革命党人的支持。

▲冲向冬宫的革命者

1917 年 11 月 6 日（俄历 10 月 24 日）临时政府封闭了《工人之路报》和《士兵报》，并企图占领布尔什维克党中央所在地——斯莫尔尼宫，形势万分危急。

▼“阿芙乐尔”号巡洋舰，1917 年 11 月 7 日晚 9 时 45 分，停泊在俄国彼得格勒附近的军舰“阿芙乐尔”号上突然发出了几声炮响，炮声过后，向冬宫发起了总攻；次日凌晨，起义者占领了冬宫，临时政府大部分成员被捕

▲列宁，无产阶级的革命导师

当晚，列宁在《给中央委员会的信》中指出："情况已经万分紧急。非常清楚，现在拖延起义真的就等于死亡……无论如何不能让克伦斯基及其同党把持政权到25日，一定要今晚解决问题。"根据列宁的指示，党中央决定提前起义。列宁于当天深夜越过敌人封锁线，秘密地来到斯莫尔尼宫，亲自领导武装起义。

7日凌晨1时起义部队占领了邮政总局。2时攻占了波罗的海火车站和尼古拉耶夫斯基火车站。接着关闭了政府大楼的照明电路，电话局切断了临时政府和司令部的大部分电话。6时左右，赤卫队员、士兵和水兵已经占领了皇宫大桥。除了宫廷广场和伊萨基耶夫斯卡广场地区，其他地区几乎都掌握在起义者的手里。临时政府总理克伦斯基坐上美国大使馆的汽车仓皇逃跑。10时，革命军事委员会散发了列宁起草的《告俄国公民书》，宣布临时政府已被推翻，政权已转归苏维埃。但临时政府仍负隅顽抗，2000多名军官和士官生继续盘踞着冬宫。下午5～6时，2万多名革命士兵和赤卫队员、9辆军车包围了冬宫。革命军事委员会向临时政府发出最后通牒，命令它于6时20分缴械投降。8时过后，革命军事委员会向临时政府下达了无条件投降的最后通牒书，遭到拒绝。晚9时40分，"阿芙乐尔"号巡洋舰以空弹射击，发出攻打冬宫的信号。赤卫队和士兵们在雷鸣般的"乌拉"声中，迅猛地冲向冬宫。在117级云石阶梯上同敌人短兵相接。接着，在1005个房间里展开了白刃战。8日凌晨1时50分，临时政府的成员（除克伦斯基逃跑外）全部被擒。彼得格勒武装起义取得胜利。

十月革命开辟了人类历史的新纪元，它是一次深刻的社会革命，建立了世界上第一个无产阶级领导的、工农联盟为基础的社会主义国家，为把俄国改造成为社会主义工业强国创造了重要前提。它还打破了资本主义一统天下的局面，向全世界宣告一种新的社会制度由理想变为现实。从此，世界历史进入了一个由资本主义向社会主义过渡的新时期。十月革命对国际无产阶级和被压迫民族的解放运动是一个极大的鼓舞和推动。

▼守卫斯莫尔尼宫的革命士兵

▼1922年8月列宁和他的妻子克鲁普斯卡娅

苏联社会主义建设的成就和失误

▲在斯大林的领导下，苏联的经济比二战期间有大幅度改观

苏联国民经济恢复基本完成后，为了用现代技术改造落后的工农业，为了增强国防力量以维护民族独立，为了给社会主义建设建立强大的物质技术基础，1925 年联共（布）十四大通过了社会主义工业化的方针，决定把苏联从农业国变为工业国。社会主义工业化在十分艰难困苦的条件下进行，国际上受帝国主义的包围和威胁，国内原有的经济基础和技术基础十分落后，资金短缺。社会主义工业化在人类历史上是史无前例的事业，没有成功的经验可供借鉴，但是苏联共产党和人民在社会主义工业化的道路上

▼列宁在彼得格勒群众集会上发表演说

▲图为农业集体化时期的宣传画，为适应工业化的迅速发展，1927 年联共（布）十五大又通过了农业集体化的决议；到了 1939 年，集体化已经完成

勇于探索，开拓前进。

为适应工业化的迅速发展，1927 年联共（布）十五大又通过了农业集体化的决议。1928—1941 年苏联进行了三个五年计划的建设。“一五”计划完成，使苏联由农业国变为工业国；“二五”计划完成，苏联工业总产值跃居欧洲第一位，世界第二位，社会主义建设取得重大成就。

苏联社会主义建设也存在严重问题：第一，片面发展重工业，使农业和轻工业长期处于落后状态。片面强调产值和产量，造成产品种类单调、质量低劣、效益低下，大量国家资源消耗和浪费。第二，苏联是社会主义国家，对改造小农经济缺乏经验，盲目追求集体化速度，严重损害了农民生产积极性和农业的发展，致使整个国民经济无法达到有计划按比例地发展。

▶宣传画，表达了人民跟着高举红旗的苏联共产党奔向社会主义

列宁在1918年

第二章

尔虞我诈 竖子原是中山狼

本章的主要内容：第一次世界大战战后初期，帝国主义战胜国对世界进行重新瓜分，建立新的国际秩序，先后召开了巴黎和会、华盛顿会议，调整了他们在欧洲和亚洲太平洋地区的关系，形成了“凡尔赛—华盛顿体系”。20 世纪 20 年代，资本主义在短暂的相对稳定发展时期之后，于 1929 年即爆发了空前的世界经济危机。为了摆脱危机，美国实行以调节经济为主要内容的罗斯福新政，德、意、日等国家力图建立法西斯专政，为对外扩张寻求出路。

本章内容：

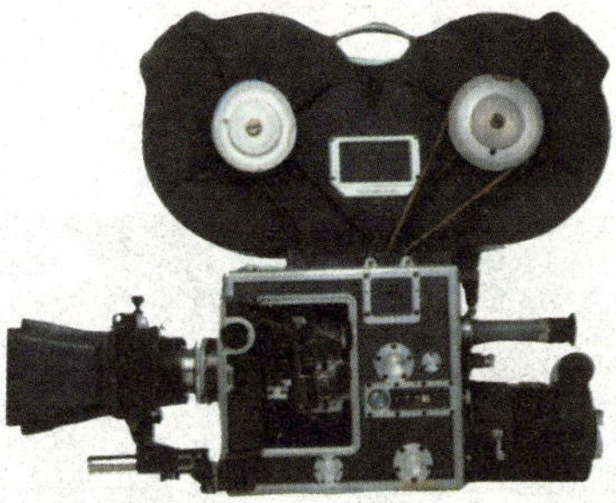

凡尔赛—华盛顿体系的建立

巴黎和会 1919年初，第一次世界大战战胜国与战败国媾和的会议在巴黎近郊的凡尔赛宫召开。美、英、法的政府首脑操纵了会议。

美国总统威尔逊带着他宣扬已久的“十四点原则”参加了会议。那些原则表面上冠冕堂皇，实际上包藏着美国攫取战后世界领导权的打算。英国要求削弱德国的海军，剥夺它的殖民地，要求德国支付战争赔款，但为了制止法国势力的过分膨胀，又不主张过多削弱德国。法国要求最大限度地削弱自己的宿敌和对手德国，重建法国在欧洲大陆的霸权，除了收回阿尔萨斯和洛林以外，还要求索取尽可能多的战争赔款。

意大利要求按它同英法原先签订的密约，扩大领土。日本要求把它在战争中攫取的利益合法化，即占有德国在太平洋上的诸群岛，和德国在中国山东的权利。

▼巴黎和会全体会议的现场，1919年1月18日，巴黎和会在巴黎近郊的凡尔赛宫召开

▼中国以战胜国资格出席了巴黎和会，但中国提出的废除中日协约（即二十一条）的提案遭到拒绝，而且和会将德国原在中国山东的利益转给了日本，这引发了中国国内的“五四运动”

凡尔赛体系的建立 如何处置战败的德国，是巴黎和会讨论的中心问题。经过长时间的争吵，1919年6月28日，对德和约即《凡尔赛和约》在凡尔赛宫签字。

和约规定：

1．重划德国的疆界：阿尔萨斯和洛林归还法国；萨尔煤矿区由国际联盟代管15

▲威尔逊，时任美国总统(1913—1920年在任)

▶《凡尔赛和约》上签字的场面，1919年6月28日相关各国的代表在《凡尔赛和约》上签字

年，然后由公民投票决定其归属；莱茵河西岸的德国领土由协约国军队占领15年，东岸50千米以内德国不得设防；德国承认奥地利的独立，不得同它合并；承认波兰和捷克斯洛伐克的独立，把原属波兰的领土基本上归还波兰。

2．德国的海外殖民地，由战胜国以“委任统治”形式加以瓜分：其中的非洲和中东部分归英法等国，太平洋上的岛屿大多被日本占有。

3．在军备上，德国要接受严格的限制。

4．德国须对协约国支付大量赔款。

对德国的军备，和约规定：它的陆军不得超过10万人，用于维持国内秩序和边境安宁；海军不得拥有主力舰和潜水艇；不得拥有空军；此外，解散总参谋部，废除普遍义务兵役制。关于德国的赔款总数，和会未达成一致的协议，仅规定建立赔款委员会，由它在1921年5月以前确定赔款总数。

在这以前，德国应交付价值相当于200亿金马克的实物或现金。在和会上，中国要求收回以前德国在山东攫取的一切权利。和会不顾中国的反对和抗议，竟然决定把德国原来在中国山东攫取的一切权利交给日本。这种强权政治大大激怒了中国人民，引发了“五四运动”。在全国人民反帝爱国运动的推动下，中国代表毅然拒绝在凡尔赛和约上签字。

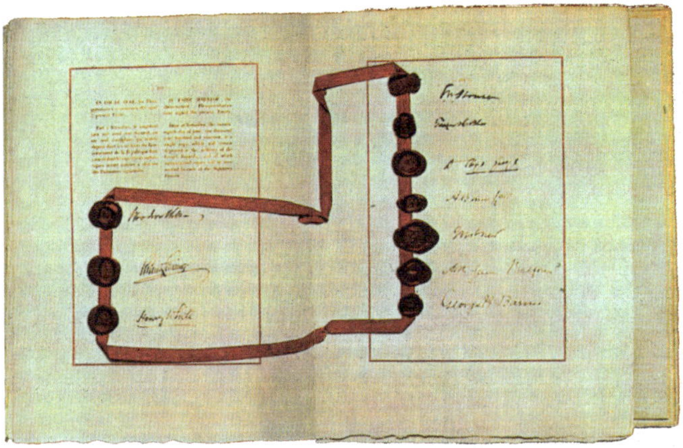

▲《凡尔赛条约》的最后一页

▲顾维钧，中国政府参加巴黎和会的代表之一

对德和约签订以后，协约国又相继同奥地利、保加利亚、匈牙利和土耳其签订了和约。《凡尔赛和约》连同这些条约，构成了所谓的“凡尔赛体系”。

由于这些条约的签订，欧洲和中东政治格局发生了很大的变化。首先，奥匈帝国解体，奥匈分立；奥地利把它南部的一些领土给了意大利；在奥匈帝国原来的属地上建立新的国家捷克斯洛伐克；一部分领土并入塞尔维亚，成为南斯拉夫，另一部分领土归还波兰。其次，土耳其丧失了更多的领土和属地，在欧洲仅保有伊斯坦布尔及其附近的地区。

构成“凡尔赛体系”的一系列条约，建立了资本主义世界战后的新秩序，但也隐含着许多矛盾。其一，和约的掠夺性必然加深战败国和战胜国之间的矛盾。例如德国人就认为这是“强加的和平”，后来成了法西斯德国撕毁条约的口实。

其二，这些条约是战胜国之间互相妥协的产物，不可能消除它们之间的根本矛盾。由于分赃不均，巴黎和会建立的国际新秩序，必然不能持久。

▼第一次世界大战后，德国向法国进行赔偿，照片中一名法国士兵正押运一批德国物资作为部分战争赔偿

九国公约 1922年，美、英、比、法、意、日、荷、葡和中国北洋军阀政府在华盛顿会议上签订“九国公约”。条约规定“维护各国在中国全境之商务实业机会均等”，“中国之门户开放”的“原则”。此条约是对中国主权、独立和领土完整的粗暴侵犯。此条约扼制了日本在第一次世界大战时对中国的垄断权，而代之以美国为首和英、日帝国主义共同控制中国的侵略局势。毛泽东说，1922年美国召集的华盛顿九国会议签订了一个公约，又使中国恢复到被几个帝国主义国家共同支配的局面。

资本主义经济和政治的发展

资本主义的相对稳定时期 第一次世界大战以后，资本主义国家间的关系暂时缓和，欧洲无产阶级革命运动陷入低潮，各国资产阶级竭力稳固统治、恢复经济。1924—1929 年，资本主义处于相对稳定时期。其间，世界资本主义生产发展较快，出现一时的“繁荣”。

在此期间，美国的汽车工业、电气工业、钢铁工业和建筑业的生产都出现高涨局面。第一次世界大战结束时，美国使用的汽车和卡车有 900 万辆。美国工厂动力设备的电气化程度，由 1914 年的 30%，增加到 1929 年的 70%。20 世纪 20 年代的美国，收音机、吸尘器、电话开始进入富人家庭。有声电影也随后问世了。

20 世纪 20 年代，主要资本主义国家的工业生产增长速度较快。美国、日本的工业生产并没有受到第一次世界大战的破坏，共同向前发展。到 1929 年止，受大战破坏严重的法、德、英的工业生产也先后超过了战前的水平。

面对这一时期的“繁荣”，资产阶级得意忘形。美国资产阶级宣扬当时为“黄金时代”。实际上在这“繁荣”的背后，经济危机的萌芽正在暗中滋长。

▼纽约股票交易所前

▼美国的失业人员正在排队登记，等候救济，从图可以看出，当时经济危机的萌芽正在美国暗中滋长

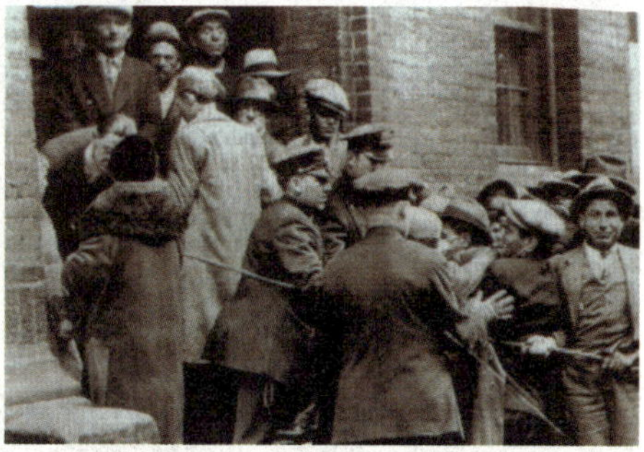

▼领救济的场景

1929 年的世界经济危机 20 世纪 20 年代，美国社会经济虽然有一定发展，但是，资本主义制度的基本矛盾依然存在。资本家攫取了高额利润，广大劳动人民却相对日益贫困，限制了社会实际消费能力的增长。分期付款和银行信贷刺激了市场的虚假繁荣，资本家为眼前的利润驱使，盲目扩大生产，使得生产和销售之间的矛盾日益尖锐。同时，人们都醉心在利润丰厚的股票等投机活动，股价被大幅度哄抬，大大增加了金融市场的不稳定性。

▲经济大危机中货币贬值，孩子们正在拿贬值的货币堆积木

1929 年上半年，纽约股市经过不断哄抬，持续上扬，呈现一片“繁荣”。10 月 23 日，股价开始急剧下跌。次日，在一些银行巨头的干预下，股市行情有所回升。美国总统胡佛声称：美国经济“形势很好，欣欣向荣”。但是，好景不长，29 日，股市出现了灾难性的风暴，一天之内抛售了 1600 多万股，一些主要股票的价格下跌了 40%，转眼间，许多人破产。到 11 月，纽约股市的各种股票损失达

▼贫穷的无家可归者，由此可见当时资本家对穷苦的劳动人民的残酷压榨

260多亿美元。

据统计，1933年初，美国已经有半数银行倒闭，完全失业人数达到1500万～1700万人；此外，还有许多人处于半失业状态。当时，穷人常常食不果腹，衣不御寒；而资本家为了维持商品价格，保证利润，不惜大量销毁商品。大量的玉米、小麦、棉花、牛奶等产品，或被当作燃料，或投入河流、大海。

经济危机很快就传到了那些主要的资本主义国家，影响着世界各国，演变成一场空前规模的世界性资本主义经济危机。1930年，严重依赖美国资本的德国发生经济危机；接着，英、日等国经济出现了严重的衰退；1932年，法国经济也开始萧条。各国不得不相继宣布放弃金本位。这场经济危机具有一些明显的特征，来势特别猛烈、范围特别广，持续时间特别长，破坏性特别大，等等，以至于“大萧条”“大恐慌”成了这次危机专用的代名词。

1929—1933年，整个资本主义世界的工业生产下降了1/3以上，贸易额减少了2/3。其中，美国和德国的受破坏程度最大。美国的进出口额下降了70%，英、法、德、日也都减少了一大半。美、英、法、德共有30万家企业倒闭，资本主义世界的失业工人竟达到3000万人以上。许多昔日机器轰鸣的厂区，变得死气沉沉，野草丛生，成为所谓的机器“墓地”。1933年以后，这场经济危机的高潮才过去，但各国经济的恢复仍是步履艰难。

1929—1933年的经济危机对各国的社会状况及世界局势产生了巨大的影响。

经济危机加深了资本主义各国严重的社会危机。各国政坛丑闻层出不穷，政府

▲图为美国的失业工人正在接受赈济；经济危机中，整个资本主义世界的失业工人超过3000万，就业工人的工资大幅度下降

▲等待领取面包的长龙；1929—1933年的资本主义世界出现了令人不可思议的现象：一方面，成千上万的老百姓食不果腹，艰难度日，另一方面资本家故意销毁产品

▲英国的失业者在街头求职

信誉扫地；广大人民强烈要求改善生活状况，示威游行和罢工斗争不断；法西斯分子利用人们对现状的不满，兴风作浪，促使社会更加动荡不安。

其次，这次危机加剧了世界局势的紧张。主要资本主义国家为了改善本国经济形势，纷纷加强对经济的干预，并加紧在国际市场上争夺，各国间的矛盾和摩擦日趋尖锐。为了尽快摆脱困境，各国进一步加强对殖民地和半殖民地的掠夺，激起了当地人民的反抗。

罗斯福新政的实施 严重的经济危机，引发了政治危机，各国的阶级矛盾十分尖锐。资产阶级如临深渊，赶紧寻找各自的出路。1933 年，罗斯福就任美国总统。为了对付经济危机，他一上任，就宣布实行“新政”。

在总统就职典礼上，罗斯福发表演说，他说：“美国人民不是束手无策。在这个紧急关头……他们选我出来实现他们的愿望。基于这种精神，我接受他们的委托。”

实行“新政”的目的，就是在不改变资本主义制度的前提下，加强国家对经济的干预和指导，消除经济危机。

罗斯福上任不到 10 天，就下令所有的银行暂时休业，由国会制定紧急银行条例，

▼田纳西水坝，这是新政期间兴建的公共工程

▼失业的人

▼富兰克林·德拉诺·罗斯福；1933 年，罗斯福就任美国总统；为了对付经济危机，他一上任，就宣布实行“新政”

授权总统整顿停业的银行和改组破产的银行。他特意保留了一些大的银行，由政府出资保障存款。这样，大银行的信用得以恢复，银行活动又逐渐开展起来。

▲兴办大型公共工程的宣传画；罗斯福一上任，便使美国的经济、政治和社会各个方面都发生了变化，因此他成为美国历史上三位最伟大的总统之一

在农业方面，政府让农民缩减大片耕地和屠宰大批牲畜，由政府付款补偿。新政的中心措施是国家对工业的调整。1933年，国会通过《国家工业复兴法》。根据这个法案，各工业企业制订本行业的公平经营规章，确定各企业的生产规模、价格水平、市场分配、工资标准和工作日时数，防止出现盲目竞争造成生产过剩，从而加强了政府对资本主义工业生产的调节和控制。

《国家工业复兴法》还规定工人有权组织起来，选派代表同雇主进行谈判，签订“集体合同”，确定工人的最高工作时数和最低工资水平。为使该法顺利贯彻，举国上下发起了“蓝鹰运动”。“蓝鹰”是印第安人崇拜的神鸟，政府把它作为国家工业复兴法的标记。企业执行该法的各项规定，悬挂着“蓝鹰”的标记，就被认为是爱国主义，否则就是叛卖行为。

▼罗斯福及其合作者

美国新建了许多公共工程，包括筑路、架桥、植树、兴修水利工程等，以减少庞大的失业队伍，刺激消费和生产。

“新政”实施初期，美国政府设立了田纳西河流域管理局，拨款兴修巨大的水利。工程目的是控制田纳西河、密西西比河及其支流的洪水泛滥，变害为利。田纳西工程，包括兴建许多宏伟的堤坝和巨大的水库。它们促进了田纳西河流域的农业生产，便利了河上运输，同时，工程容纳了大量失业者。

罗斯福“新政”的目的，是在不改变资本主义制度的前提下，加强国家对经济的干预和指导，消除经济危机。“新政”实施后，美国的经济缓慢地恢复过来，资本主义统治得到稳定。但是，资本主义经济危机的根源没有得到消除……

法西斯势力的猖獗

国会纵火案 1933年1月30日希特勒上台，为了一举消灭共产党，铲除在德国实行纳粹主义的最大障碍，希特勒及其一伙精心策划了臭名昭著的国会纵火案。在国会议长戈林的住宅下面有一条地下暖气管道通往国会大厦。柏林冲锋队队长卡尔·恩斯特2月27日晚上带领一小队冲锋队员经过这条地下通道到达国会大厦，在那里洒了大量的汽油和易燃的化学药品，然后命人放了几把火，顷刻之间雄伟壮观的国会大厦就化为了废墟。

▲25岁的下士希特勒与军中的两位士兵合影

事件发生后，戈林声嘶力竭地叫嚷："这是共产党反对新政府的罪行！"纳粹秘密警察头子鲁道夫·狄尔斯大声说："共产党的革命开始了！我们一分钟也不能坐等，我们要毫不留情地对付他们，共产党干部一经查获，当即格杀勿论，今天晚上就把共产党议员统统吊死。"法西斯分子以"国会纵火案"为借口，对德国的革命力量进行残酷镇压，他们贼喊捉贼，把纵火的罪名加到共产党人的身上，诬陷说这是共产党发动武装暴动的信号。其实，还在27日中午，柏林的全部冲锋队员就已经进入戒备状态，起火后两小时，法西斯分子便对共产党员和进步人士实行了大逮捕和大屠杀，仅27日一个晚上就逮捕了1万名反法西斯战士。

▼希特勒和其支持者们在一起

在以后的三四个月里，被捕人数达到六七万人之多，德国工人运动领袖、共产党主席台尔曼遭到非法逮捕；共产国际执行委员会委员、保加利亚工人运动领袖季米特洛夫遭到了非法审讯；共产党组织被迫转入地下，各地工会组织被勒令解散。

纳粹文化专制 纳粹政权极端仇视人类一切进步的思想和文化。人道主义、社会主义和马克思主义的思想遭到绝对禁止。1933 年 5 月 10 日夜，希特勒煽动万名学生在柏林洪堡大学对面的广场上进行大规模焚书活动，2 万册书籍被焚，马列著作全部被焚毁，著名的文学著作、科学著作也被付之一炬。大批优秀科学工作者被迫逃亡，爱因斯坦即是其中之一。纳粹党教育的重点是促使民众在思想上和心理上做好侵略战争的准备，广播、报刊和书籍充斥着“生存空间”和种族主义理论及军国主义宣传，学校成了法西斯军事训练所。

▲纳粹党徒招摇过市

迫害犹太人 种族主义是纳粹理论的核心，其实它在很大程度上不过是从国外某些学者（如英国的豪斯顿·张伯伦）那里抄袭过来的，绝非纳粹一家所独创。种族主义毫无科学根据，纯粹是一种谬论，如纳粹的一些所谓“理论家”断言，只有北欧的雅利安人才是世界历史唯一的创造者，他们是人类的普罗米修斯。然而众所周知，雅利安人只生活在易北河和威瑟河之间，因此当纳粹不得不把所有德意志人都说成是雅利安人时，已很难为种族主义的理论自圆其说。而当后来出于政治上的需要，纳粹德国开始把意大利人、甚至日本人都说成是一种特殊的雅利安人时，他们便不由自主地陷入了十分可笑的境地。

纳粹的“理论家”们千方百计地为种族主义涂脂抹粉。他们挖空心思，捏造了许多谬论，如《种族研究的新基础》一书的作者赫尔曼·高赫就煞有其事地写道：“惟有北欧日耳曼种族发音清晰，不带杂音，而北欧日耳曼种族以外的人和民族的发音是不纯正的，单音模糊不清，就像动物发出的声音，例如狗的汪汪、猪的哼哼、猫的咪咪、鼠的吱吱……”而 1935 年 7 月 28 日的《法兰克福日报》竟然十分荒诞地宣称，血液和土壤

◀纳粹党召开代表大会的场景，1938 年纳粹党在纽伦堡召开了代表大会

▼1933 年 1 月 30 日，希特勒成为总统，这是他在检阅他的军队和拥护者

▲纳粹党的海报

有十分密切的关系，只有德国的土壤才能制造德意志人的血液，“德意志人种型之所以是全世界独一无二的种型，是因为世界上只有一处有德国土壤”。

这种荒唐的种族主义最后把矛头直指犹太人，把犹太人作为宣泄的对象，把德国当时所有的困难都归罪于犹太人。有人说，纳粹对犹太人的仇恨可能是由于他们从心底里憎恶基督教，是“憎恶基督教的病态心理的表现形式”。更现实一些说，希特勒把犹太人作为替罪羊，一方面是由于犹太人在德国所处的特殊地位，犹太文化和德意志文化同是生长在德国土壤上的两朵鲜花，两者极其相似，而前者要稍胜一筹，因而极易招致后者的嫉恨；另一方面则是由于犹太人无祖国保护，所以对他们可以为所欲为。于是在纳粹的种族主义理论中，犹太人遂成为一切罪恶的化身，他们既是马克思主义者，又是国际资本家；既是造成德国在第一次世界大战中战败的“11 月罪犯”和叛徒，又是和平主义者和国际主义者；而且他们色情、放荡，直接威胁着德意志民族的纯洁性。

纳粹党一上台，便大肆迫害犹太人。1933 年 3 月 30 日，法西斯政权宣布开展抵制犹太商人的活动，随后又下令从国家机构中清除犹太官员和从文化领域中驱逐犹太艺术家。1935 年 9 月 15 日，希特勒颁布“纽伦堡法令”，公然剥夺全体犹太人的公民权，禁止犹太人担任公职和与雅利安人通婚。1938 年 11 月 9 日深夜，纳粹在全国范围内掀起暴力迫害犹太人的活动，在这个“水晶之夜”里，共有 91 名犹太人被活活打死，2 万余名犹太人被关进集中营，7500 家犹太人商店被捣毁，28 家犹太教堂遭焚毁。

从 1939 年起，纳粹当局开始将犹太人大批驱逐出境。1942 年 1 月 20 日，法西斯分子更制订了“最终解决犹太人”方案，转而对犹太人进行灭绝种族的大屠杀。究竟有多少犹太人死于非命，至今未有一个精确的数据。据世界犹太人大会统计，约有 572.1 万人遇难；另一个计算的方法是，1939 年时欧洲约有 920 万犹太人，而第二次世界大战结束时仅剩下 310 万人，由此可推算出死难者共计为 610 万人。此外，前苏联学者也提供了一个可供参考的数据，他们认为先后共有 597.8 万名犹太人被杀害，其中波兰境内 280 万人，前苏联境内 172 万人，罗马尼亚境内 42 万人，捷克境内 26 万人，匈牙利境内 20 万人，德国境内 17 万人，荷兰境内 9 万人，法国境内 9 万人。

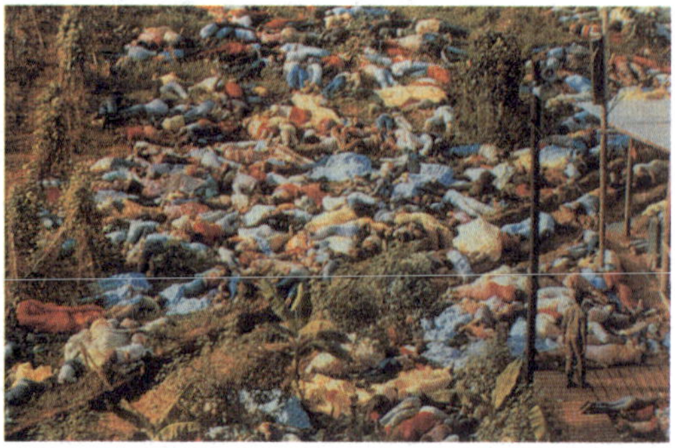
▶犹太人被残杀的场面，它体现了法西斯分子的毒辣与残忍

第三章
哀鸿遍野 刀兵相见为哪般

本章的主要内容：首先讲的是西方大国继续推行的绥靖政策，使法西斯的侵略更加嚣张。1939年9月，德军侵入波兰，英法对德宣战，第二次世界大战全面爆发。德军很快占领了西、北欧广大地区，法国败降，英国退守本土。1941年6月，德军大举入侵苏联。苏联军民奋起抗战，成为欧洲抗击法西斯的主要力量。同年12月，日军偷袭美国太平洋海军基地珍珠港，美国等更多的国家参加反法西斯战争。

随着战争规模的不断扩大，反法西斯力量逐渐联合起来，结成了世界反法西斯同盟。它的建立有一定的历史作用，具体从联合国宣言和雅尔塔会议就可以看出。斯大林格勒等战役以后，战争形势出现转折，开始朝着有利于反法西斯国家的方向发展。1945年5月和8月，德国和日本相继投降，第二次世界大战最终以法西斯国家的彻底失败宣告结束。

本章内容：

第二次世界大战

第二次世界大战的影响

第二次世界大战

慕尼黑阴谋 1938年春，德国吞并了奥地利。接着，把侵略矛头指向捷克斯洛伐克。希特勒以保护捷境内德意志少数民族利益为借口，对捷提出了领土要求。

▲张伯伦，时任英国首相(1937—1940年在任)

捷克斯洛伐克的苏台德地区与德国相邻，经济发达，战略位置重要，居民主要是德意志人。希特勒先是指使苏台德的法西斯分子进行分离活动，然后，指责捷克斯洛伐克迫害苏台德的德意志人，并以武力相威胁，要求割占苏台德地区。

面对德国法西斯咄咄逼人的侵略，英法恐怕引火烧身，希望把德国的侵略矛头引向苏联，因此，不但不支持盟国捷克斯洛伐克，反而逼捷克斯洛伐克让步，企图以牺牲捷克斯洛伐克的利益而与希特勒达成妥协。

▼贝奈斯，时任捷克斯洛伐克总统

同年9月，英、法、德、意四国首脑张伯伦、达拉第、希特勒和墨索里尼在德国的慕尼黑签订协定，在没有捷克斯洛伐克代表参加的情况下，强行把苏台德地区割让给德国。历史上把此次做法称为“慕尼黑阴谋”。至此，绥靖政策达到顶峰。

慕尼黑协定的签订产生了极其消极的影响。德国法西斯的侵略公然受到鼓励，希特勒于第二年吞并了捷克斯洛伐克的其他地区，经济和军事实力大增，加速了扩大战争的进程。德军占领捷克斯洛伐克，使德国得到了捷军装备精良、训练有素的40个师的兵力和许多重要的资源。例如，其中有一座兵工厂，规模居欧洲第二位，当年的年产量差不多等于英国所有兵工厂产量的总和。苏联构筑集体安全的努力归于失败，对英法更加不信任。

◀苏台德的德意志人在夹道欢迎德国人，横幅上写着：“一个民族，一个国家，一个元首”

▲德国使用大炮进攻挪威，1940 年，德国越过丹麦边境占领了哥本哈根，德军没有受到任何抵抗地从陆地和海上长驱直入

▲德军在巴黎福煦大街上行进，福煦大街以 1918 年接受德军投降的法国元帅命名。1940 年德军由此长驱而入，从而把历史颠倒过来

1939 年 8 月，苏联为了自己的国家安全，同德国签订了《苏德互不侵犯条约》。

《苏德互不侵犯条约》及其附属的秘密议定书规定，双方互相不侵略对方，并划定了两国在东欧的势力范围。这样，德国就为发动战争时免于两线作战解除了后顾之忧。同时，苏联也避免了首先遭到德军的攻击，从而赢得了备战时间。

互不侵犯条约签订后，德国于 1939 年 9 月 1 日清晨，派兵“闪击”波兰。英法走投无路，对德宣战。第二次世界大战全面爆发了。

德国入侵 德国集中力量进攻波兰。波兰孤军苦战，英、法军队却在西线按兵不动。华沙军民顽强抗击德军 20 多天，终因弹尽粮绝，华沙陷落。几天以后，波兰覆亡。

当波兰苦战的时候，它的英法盟友静坐西线。法国拥有 100 多个师，英国的远征军又不断开到大陆。他们躲在坚固的马奇诺防线背后无所作为。这种奇怪的战场形势，被称为“奇怪的战争”，或称“静坐战”。这种局面持续了 7 个多月。

德国侵占波兰以后，并没有像英法一向希望的那样，继续向东侵犯苏联，而是集中兵力对付英法。1940 年四五月间，德军首先“闪击”丹麦、挪威，接着侵入荷兰、比利时。5 月下旬，德军直逼英吉利海峡，把 40 万英法军队逼退到敦刻尔克港附近的一小块地方。

溃退到敦刻尔克的英法军队面临茫茫大海，后有强大追兵，空中有轮番轰炸的德机，

▼德国军队列队进入巴黎城；1940 年 6 月 14 日，对法国人来说，他们所热爱的巴黎今夜再也不是不夜城了，当德军从纽利进入巴黎市中心的时候，巴黎笼罩在一片黑暗之中，德军的坦克穿过协和广场，从爱丽舍宫的绿树浓荫下驶过

▲大雪、严寒和苏联人的必胜信念阻止了纳粹的闪电战，1941 年 10 月，苏联终于抵挡了德国的进攻，粉碎了希特勒 3 个月内灭亡苏联的“闪电战”计划，德军被迫缩短战线，妄图集中力量攻取莫斯科

乱作一团。就在紧急关头，英国动员了 800 多艘舰艇和各类船只，加上法国许多船舰，由英国掩护，一批又一批，把英法军队撤到英国。经过几个昼夜的苦战，33 万英法军队被撤过了海峡，但他们的武器装备几乎全部丢失了。这就是著名的敦刻尔克大撤退。

6 月初，德军绕过马奇诺防线进入法国。几天之内，德军突破法军的新防线，于 6 月中旬占领巴黎。意大利落井下石，在巴黎陷落前对英法宣战。新成立的法国卖国政府，对德投降。坚持抵抗德国侵略的戴高乐将军流亡到英国，领导“自由法国”运动。

巴黎陷落以后，法国卖国贼贝当等人组成政府。他们派出的代表到达北部贡比涅森林，于 6 月 22 日签订了投降书。第一次世界大战战败的德国签订投降书的仪式是在一节车厢里进行的。为了报复，德国故意把它从法国博物馆里拿出来，放到原地，让希特勒在里面接受法国的投降。

法国投降，英国陷于孤军作战的境地，尝尽了多年纵容法西斯侵略的苦果。为了侵犯英国本土，德国沿欧洲北海岸，集中了大量舰只和陆军。为了取得制空权，德国于 7 月起对英国展开了“空中闪击战”，每日出动几百架次甚至上千架次飞机，对英国进行狂轰滥炸。几个月里，英国陷入危险境地。人民沉着应战，首相丘吉尔坚持抵抗政策。10 月间，希特勒密令取消入侵英国的计划。

苏德战争爆发 1940 年秋，德国与日本、意大利正式结成军事侵略同盟，还拉拢了一些欧洲小国。轴心国集团的经济、军事实力迅速发展。不久，德军侵入巴尔干和北非；同时，准备侵略苏联。

1941 年 6 月，德军集中大量兵力，突然向苏联发动全面进攻，第二次世界大战进一步扩大。苏军猝不及防，初战失利，大片领土沦陷。6 月 22 日凌晨，德军以 550 万人、4000 多辆坦克和近 5000 架飞机的强大兵力，分三路进攻苏联，分别指向列宁格勒、莫斯科、基辅等地。德军进展顺利，到 11 月，已占领苏联 150 多万平方千米的土地，在这片土

▼被炸沉的美军战舰，1941 年 12 月 7 日，从航母上起飞的大约 350 架日本飞机，彻底摧毁了珍珠港的美海军基地

地上有苏联约40%的人口和大部分工业区。苏联还损失了大量军队和大批武器装备。

此前，苏联为了抵御德军可能的进攻，做了一些备战措施。例如，同日本签订中立条约，稳住日本，避免两线作战；把一些重要的国防工业东迁，加紧东部地区的经济建设。这些措施对苏联日后的长期抗战和取得最后胜利起到了重要作用。卫国战争初期，苏军的失利是由诸多因素造成的：大批优秀指挥员在大清洗中丧生，苏军战斗力受到严重削弱；临战之前，尽管多次得到德军即将进攻苏联的情报，但苏联领导人坚持认为德国在打败英国以前不会侵略苏联，没有做临战准备；苏军在防御战略上犯了严重的错误，把主要兵力和军用物资配置在国境线附近，致使战争一开始，就遭到德军闪电战的沉重打击。前线防线一旦被突破，很难组织起纵深防御。

▲日本飞机轰炸珍珠港的美国海军基地

▲珍珠港被破坏的情景

同年秋，德军开始进攻莫斯科。苏联军民在斯大林的领导下奋力抵抗。第二年初，苏军展开反击，歼敌50万人，取得了莫斯科保卫战的胜利。这是大战开始以来德军遭受的第一次大失败，它打破了德军“不可战胜”的神话。

日军袭击珍珠港 1940年夏秋之际，日本正式抛出了臭名昭著的“大东亚共荣圈”计划，企图进一步向东南亚扩张，建立亚洲、太平洋地区的霸权。日本的政策严重损害了美英在这一地区的既得利益，美英等国对日本实行贸易禁运，禁止向日本出口钢铁、石油等战略物资。这对战略物资严重依赖进口的日本，是一个沉重的打击。日本军部决定趁美国尚未准备就绪之际，发动突然袭击，取得战争主动权。

美国当局认为最大威胁来自德国，因此对日本在东亚的侵华战争，采取绥靖政策，仅实行经济制裁，希望能以此约束日本的侵略野心，并不想过分刺激日本，更不愿“过早”卷入战争。但是，日本军部认为，当时美英侧重于大西洋地区，日本在太平洋的军事实力暂时占优势，一旦美国准备就绪，优势就会消失。只有先发制人，取得制海权，占领东南亚地区，夺取当地重要的战略资源，才能构成持久作战的有利形势。

1941年12月7日，日本海空军对美国在太平洋的海军基地珍珠港进行突然袭击，以微小的代价重创美国太平洋舰队。同时，日军还在东南亚各地对美英军队发动进攻。到第二年春天，日军侵占了东南亚的广大地区和太平洋上的许多岛屿。太平洋战争爆发后，第二次世界大战达到最大规模。

二十六国签订宣言 1942年1月1日，美国、英国、苏联、中国、澳大利亚、比利时、加拿大、哥斯达黎加、古巴、捷克斯洛伐克、多米尼加、萨尔瓦多、希腊、危地马拉、海地、洪都拉斯、印度、卢森堡、荷兰、新西兰、尼加拉瓜、挪威、巴拿马、波兰、南非联邦、南斯拉夫共26个国家在华盛顿签署了《联合国家宣言》。

▲罗斯福和丘吉尔举行会谈，1941年8月，罗斯福和丘吉尔分别率领本国政府的官员乘军舰在纽芬兰的阿金夏港举行会谈，签署了联合声明，史称《大西洋宪章》

宣言由序言和两条正文组成，主要内容是：签字各国赞成《大西洋宪章》的宗旨与原则；各国政府保证对与之作战的三国同盟成员国及其附从者使用其军事或经济的全部资源，保证与本宣言签字国政府合作，并不与敌人缔结单独的停战协定或和约；凡在战胜希特勒主义的斗争中给予物质上援助和贡献的其他国家均可加入宣言。

《联合国家宣言》的签署和发表，标志着国际反法西斯同盟正式建立。到第二次世界大战结束时，加入同盟的共达52个国家。它团结了可能团结的力量，最大限度地孤立了法西斯侵略势力，对于最后战胜法西斯国家起了决定性作用。

斯大林格勒会战 莫斯科战役失败后，1942年夏，希特勒集中了150万兵力，在南线发动夏季攻势。当在克里米亚半岛和高加索地区取得进展后，从7月起，德军主力开始进攻斯大林格勒。德军的优势兵力经激战后于8月23日渡过了顿河河曲，把苏军阵地切成两段，开始了攻城战。一昼夜间出动飞机2000架次狂轰滥炸，满城大火，百里之外可见。9月中旬，德军突入市中心。苏联军民殊死搏斗，在每一条街巷、每座楼、每一座房屋的废墟里作战。

▼苏联军队在斯大林格勒的废墟中冲锋

在防御战期间，苏军消灭了敌军18.2万人，改变了力量的对比。11月19日晨，苏军增加生力军从西北和南面开始反攻，构成“铁钳”，把鲍罗斯指挥的33万主力德军紧紧围住。希特勒派“顿河”集团军群救援也被击退。被围德军弹药缺乏，饥寒交迫，陷入绝境。苏军发出最后通牒，令其投

降。鲍罗斯请示希特勒。希特勒下令晋升鲍罗斯为陆军元帅，117名高级军官各升一级，令其作垂死的挣扎。苏军紧缩包围圈。1943年2月2日，被围德军被全歼，其中1名元帅、24名将军及9万多名官兵被俘。此役是苏联卫国战争中的决定性战役，它使德军元气大伤，被迫从战略进攻转入战略防御。罗斯福在致斯大林的贺信中正确评价说：“制止了侵略浪潮，成了盟军反侵略战争的转折点。”

▲盟军在诺曼底海滩成功登陆

诺曼底登陆 第二次世界大战中，西方盟军开辟第二战场的战役。德黑兰会议后，经英美商定，罗斯福任命艾森豪威尔为西北欧盟国远征军最高统帅（地面部队司令为蒙哥马利），着手实施“霸王”计划。盟军集中了陆海空三军200多万人及大批飞机、舰艇。英国南部成为一座大兵营。为了迷惑敌人，在英吉利海峡最窄处造成进攻加来地区的假象。希特勒搜索物力和人力，修建了所谓“大西洋壁垒”防御工程。任命隆美尔为该地区集团军群总司令，指挥39个师，其中重点设防的加来地区配备了19个师。

▲盟军登陆诺曼底，在战斗中遭到强烈的抵抗；1944年6月6日凌晨，盟军对诺曼底地区德军防线发起猛烈的轰炸和炮击

▲开罗会议上，蒋介石、罗斯福和丘吉尔在一起；1943年12月1日中、美、英三国发表《开罗宣言》，规定剥夺日本在第一次世界大战后掠夺的一切太平洋岛屿，把日本侵占中国的领土归还中国等

1944年6月6日凌晨，美英的运输机2400架和滑翔机800多架，载运3个伞兵师，在诺曼底地区海岸后边的指定地点空降着陆。黎明时分，盟军对诺曼底地区德军防线发起猛烈的轰炸和炮击。霎时间，炮火连天，地动山摇。进攻部队乘4000艘舰只在狂风恶浪中横渡英吉利海峡，5个师在诺曼底地区一举登陆。德军顽抗，但被盟军强大的攻势突破。当夜，将近10个师的部队连同坦克、大炮已经登岸，后续部队源源而来，“大西洋壁垒”被突破。德军总司令部得到盟军登陆报告后，仍认为诺曼底登陆只是佯攻，断定盟军登陆重点仍在加来地区，对诺曼底登陆盟军没有集中兵力反击。至7月5日，登陆已达100万人。隆美尔投入战斗的兵力不及盟军的一半。盟军继续推进，7月25日，占领了卡昂—科蒙—圣诺一线，战略登陆场已牢固建立，成功地开辟了第二战场。

▲战争结束了，人民涌上街头欢呼

柏林战役和德国投降 1945年3月底4月初，德国法西斯已处在灭亡前夕。德国经济完全破产，人民厌战反战情绪高涨，内部分崩离析。

西方盟军已渡过莱茵河，向易北河挺进。苏军已进抵奥德—尼斯河一线，集中了250万人以上的兵力、6250辆坦克、7500架飞机，准备进攻柏林。希特勒垂死挣扎，强征居民在柏林以东建成三道防御阵地，又环绕柏林筑成三层防卫圈，搜集近100万人，1500辆坦克，3300架飞机，叫嚣死守柏林到最后一人，还幻想美英和苏联发生冲突，以便从中渔利。4月16日凌晨5时，随着143架探照灯直射德军阵地，苏军万炮齐发，几千架飞机同时出动轰炸，几千辆坦克冲入敌阵，步兵紧跟着投入战斗。拂晓时已突破第一道防线。经四昼夜激战，三道防线均被突破，逼近柏林防卫圈。20日开始柏林攻城战。25日，苏军包围了柏林。同日，苏军在易北河上的托尔高与美英盟军会师。整个德国战场由此被切成两块。27日，苏军攻入柏林市中心，激烈的巷战开始，天空、地面和地下都在战斗。疯狂的希特勒下令往地下铁道的隧道里灌水，淹死了几千名妇女、儿童和伤员。希特勒还曾下令毁灭柏林和整个德国，但没有实现。30日下午，红军战士把胜利的旗帜插在柏林国会大厦的圆顶上。

同日，恶贯满盈的希特勒与他多年的情妇、前一天两人刚举行婚礼的爱娃·勃劳恩在总理府地下室自杀，希特勒死前曾令他的手下将其焚尸灭迹。希特勒的宣传部长戈培尔毒死了自己的六个孩子后命令手下开枪把他们夫妇击毙，做了可耻的殉葬品。5月2日晨，柏林城防司令维德林命令德军停止抵抗。5日，纳粹“政府”首脑海军元帅邓尼茨派约德尔上将到艾森豪威尔司令部洽降。8日，由苏联元帅朱可夫（攻克柏林的总指挥）主持，在柏林正式举行了德国无条件投降仪式。至此，横行一时的纳粹德国彻底失败，欧洲战场的战争结束。

▼雅尔塔会议上，斯大林、罗斯福和丘吉尔在一起，这次会议对第二次世界大战的进程和安排战后的世界秩序具有重大的影响，标志着“雅尔塔体系”的形成

雅尔塔会议 也称克里米亚会议，反法西斯同盟国苏、美、英三国首脑在第二次世界大战期间召开的第二次会议（第一次会议是1943年11—12月召开的德黑兰会议）。1945年初，德国统治集团试图与美英单独媾和，在战争胜利进程中，英美与苏联的矛盾日益明显，如何处置战后德国和欧洲事务及

打败日本等问题急需解决。

▲雅尔塔会议的场景之一

2月4—11日，斯大林、罗斯福、丘吉尔在苏联克里米亚半岛的雅尔塔举行了会议。讨论问题广泛，气氛时而紧张，时而活跃。经过激烈争论，达成了一系列协议。

1. 关于处置德国问题。要共同使纳粹德国接受无条件投降条款；战后德国必须解除武装，拆除军事设备和军事工业；惩办战犯；消灭纳粹党及其影响；同意苏联提出的德国赔款总额为200亿美元，其中一半应归苏联所有；三国部队各自占领德国的一个区域，苏联占领东部，英国占领西北部，美国占领西南部（法国后来也取得一块占领区）；“大柏林”由三国军队共同占领，苏军占领东北部，英美占领西南部。

2. 会议决定在欧洲战争结束后两个月或三个月内苏联参加对日作战。参战条件：第一，外蒙古现状予以维持。第二，库页岛南部及邻近一切岛屿归还苏联；大连商港国际化，保证苏联在该港的优越权益；苏联租用旅顺为军港；中东、南满铁路中苏合办，保证苏联的优越权益；千岛群岛交与苏联。第三，苏联准备同中国国民政府签订一项友好同盟条约，以武力协助中国从日本枷锁下获得解放。

3. 为了确保战后的和平与安全，会议决定成立国际组织——联合国。将联合国最重要的职能交给安全理事会，安理会由五个常任理事国（中、苏、美、英、法）和六个非常任理事国组成（1965年非常任理事国增加到10个）。任何实质性问题必须经五个常任理事国一致同意，即各常任理事国都拥有对安理会决议的否决权。会议还决定1945年4月25日在美国旧金山召开联合国会议，制定联合国宪章。

雅尔塔会议，其宗旨是制裁德国法西斯和以同盟的力量击败日本帝国主义，起了一定的积极的历史作用。但它在无中国代表参加的情况下，做出了有损中国主权和利益的决定，则是强权政治的丑恶表现。

▼第二次世界大战末期，苏联工兵在牡丹江架设浮桥

▼苏联对日宣战，1945年8月8日，莫洛托夫代表苏联政府发表声明，对日本宣战，加速了日本军国主义的崩溃，对中国抗日战争的最后胜利起了促进作用

第二次世界大战的影响

第二次世界大战是一次世界反法西斯战争。它是人类历史上规模最大的一次战争，在很多方面产生了极其深远的影响。

这次战争给人类造成前所未有的破坏和灾难。战争历时六年多，遍及世界各地，损耗了大量财富，夷平了许多城市和村庄，无数生灵涂炭。

▼美军进攻日本本土

▲"战神"号，这是第二次世界大战中，美军所使用威力强大的战列舰

据统计，世界人口的80%被卷入了第二次世界大战，交战双方的总兵力高达1.1亿人。在战争中丧生的总人数大约为5000万人。中国军民伤亡达3500万人。这次战争的直接军费消耗有1.1万亿美元，占所有参战国当时国民总收入的大半。此外，还有4万多亿美元的物质财富被毁坏，人类多年积累的财富被毁于一旦。

在这次战争中，法西斯大肆屠杀无辜平民，毁灭人类文明，残暴本性暴露无遗。战争打败了法西斯，教育了各国人民，争取和平与进步的思想日益深入人心。

在第二次世界大战期间，纳粹在各地建立了许多集中营，杀害了500多万波兰人和近600万犹太人。日本法西斯在中国等亚洲国家也犯下了滔天罪行，仅1938年底在南京一地，就有30多万手无寸铁的中国人遭到血腥屠杀。

第二次世界大战客观上具有以下作用：

沉重打击了国际帝国主义，促进了民族解放运动的蓬勃发展。战争打垮了德、意、日帝国主义国家，削弱了除美国以外的其他帝国主义国家，使帝国主义在世界的殖民统治严重动摇；殖民地、半殖民地人民在战争中力量得到壮大，为争取民族解放创造了有利条件。促进了国际社会主义力量的发展壮大。苏联的国际地位大大提高，成为世界上最强大的国家之一；战后世界上许多国家建立了人民民主政权，走上了社会主义道路，社会主义越出了一国范围。

客观上推动了科学技术的迅速发展。大战期间，为了战争需要，各国投入大量的人力、物力和财力，发展相应的科学技术，制造新式武器。战后，这些原本是为了制造杀人武器的科学技术用于和平事业，大大推动了人类文明的进步。

▼第二次世界大战期间，美军将巨型商船改装为航母，为的是保护商船航线的畅通

联合国大厦

第四章

互较短长
大国兴衰有文章

本章的主要内容：首先介绍的是第二次世界大战之后，由于经济实力骤然增长，美国在资本主义世界经济中占有全面的优势。

接着介绍的是1993年11月1日生效的《马约》。至此，欧洲联盟作为一个联合欧洲12国，3.4亿人口的经济、政治实体诞生了。欧洲联盟是在欧洲共同体基础上发展而来的。所以，它标志着欧洲一体化进程又迈出了重要的一步。

最后讲的是战后日本进行了一些社会改革，进一步废除生产关系中的封建落后因素，为发展现代经济奠定了基础。日本政府利用战后国民经济非军事化等有利条件，引进先进的科学技术，提高生产率，加快产业的更新换代；同时，重视发展教育，培养人才。到了20世纪60年代末，日本已经是仅次于美国的资本主义世界第二号经济大国。

本章内容：

战后美国的经济发展

第二次世界大战后，美国的经济实力骤然增长，在资本主义世界经济中占有全面的优势。在完成了由战时经济向和平时期转变之后，美国经济从20世纪50年代起在上述优势地位的基础上进一步持续增长。从1955—1968年，美国的国民生产总值以每年4%的速度增长。虽然在同一时期西欧多国和日本的整体经济增长速度赶上或超过了美国（法国为5.7%、联邦德国为5.1%、日本为7.2%、英国为2.8%），但是战后美国经济在相当长的一个时期中仍占有优势地位。特别值得注意的是该时期美国经济曾经出现连续106个月的持续增长，这一纪录直至20世纪90年代出现所谓的“新经济”之后才被打破。

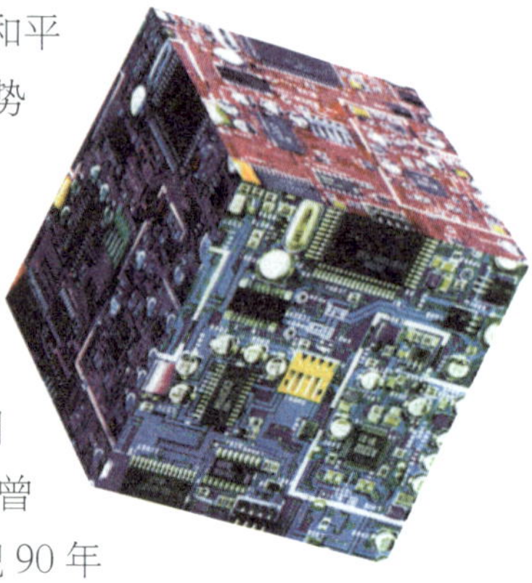

▲电脑合成的电路图

美国战后经济的迅速发展和优势地位的保持，在很大程度上得益于美国联邦政府对经济的干预。干预不是表现在采取工业国有化的形式，而是运用财政和金融手段对资本主义的再生产进行干预。其主要特点是不断地依靠增加国家预算中的财政支出，依靠军事定货和对垄断组织甚至中小私营企业实行优惠税率来刺激生产，增加社会固定资本投资。虽然美国没有在战后实行工业国有化，其经济体制仍保持着较为典型的资本主义私有制，但是，美国联邦政府在战后对许多新兴的工业部门、重大科研项目、现代化公共设施上进行大量的投资。比如美国政府对发展原子能工业的投资，从1945—1970年共计175亿美元；对宇航工业的投资，从20世纪60年代末起每年投入50多亿美元。

▼宇航员阿姆斯特朗在月球上

◀1969年7月2日，美国的宇航员成功地登上了月球，它标志着人类文明的一大进步，也显示了美国宇航工业的成就

美国政府之所以如此做，是因为战后科技革命的需要。科学技术是生产力，科学技术的发展对战后美国的经济繁荣有直接的作用。然而，对新科技产业部门的投资风险高，因此战后美国政府就主动出面承担起对这些部门的投资任务。美国政府在战后对经济的干预还表现在，为了维持高出口水平，一方面在“援外”项目下通过国家购买进行出口，另一方面对某些美国产品的出口实行补贴。在“援外”项目下提供的出口在美国出口比重中，1949年占46%，50年代占30%左右，60年代占20%左右。此外，美国政府还通过在全国范围内建立科研和教育网点，推行社会保障政策等，在缓和国内阶级矛盾的同时，进一步促进生产力的发展。

▼电脑控制室

战后美国经济的发展具有一系列新特点：

1. 从20世纪50—60年代，美国经济增长出现了一个西方经济学家所称的“黄金时代”。

2. 战后美国经济发展的重心逐渐向西部和南部转移。

3. 现代跨国公司在美国兴起。

4. 战后美国的经济危机的烈度大大减低。

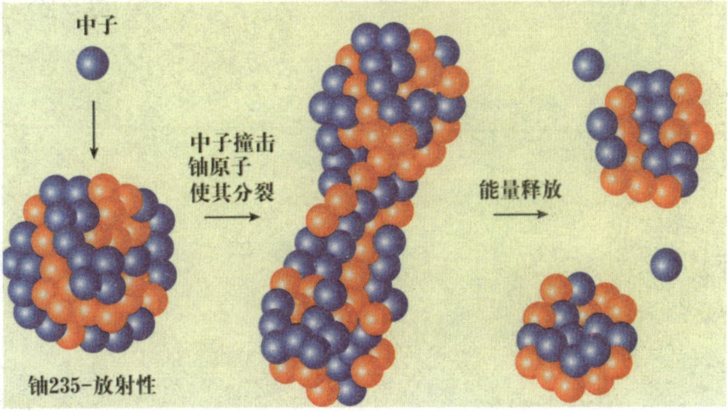

▶一个铀原子核的分裂，利塞·迈特纳称之为原子的分裂

《马斯特里赫特条约》与欧洲联盟

▲联合国总部的大厦

20世纪60年代中期建立的欧洲共同体，向着经济政治联盟的方向发展。1991年底，欧共体12国（法、德、意、荷、比、卢、丹、爱、英、西、葡、希）在荷兰的马斯特里赫特举行的首脑会议上通过了《马斯特里赫特条约》，决定在12国范围内实现经济货币联盟和政治联盟，即建立“欧洲联盟”。

《马斯特里赫特条约》（简称《马约》）由《政治联盟条约》和《经济与货币联盟条约》组成。《政治联盟条约》的主要内容包括：实行共同的外交政策和安全防务政策；在司法和社会方面合作以及扩大欧共体的权力和职能。《经济与

▼联合国大会的会场

▲法国农民抗议欧盟农业政策举行的示威游行

货币联盟条约》的实施分三个阶段进行：第一阶段从1990年7月1日开始，各成员国应协调经济政策，确保资本自由流通，货币加入欧洲货币体系汇率机制。第二阶段从1994年1月1日开始，设立欧洲货币机构监督货币统一进程。成员国应在通货膨胀率、利率、预算赤字和公共债务等方面达到进入第三阶段的指标。第三阶段始自1997年1月1日，最迟在1998年7月1日建立欧洲中央银行，1999年1月1日前实行单一货币欧元。

▲欧盟的会旗，1991年底，欧共体12国决定在12国范围内实现经济货币联盟和政治联盟，即建立"欧洲联盟"

《马约》于1993年11月1日生效。至此，欧洲联盟作为一个联合欧洲12国，3.4亿人口的经济、政治实体诞生了。它是在欧洲共同体基础上发展而来的。它的成立标志着欧洲一体化进程又迈出了重要的一步。根据《马约》规定，欧共体作为欧盟的主要支柱依然存在。1994年3月欧盟就吸收奥地利、芬兰、瑞典、挪威四国入盟问题达成协议。之后，四国分别于6月12日、10月16日、11月13日和28日就入盟问题举行了全民公决，结果奥、芬、瑞典三国批准了协议，而挪威则以52.8%的反对票否决。1995年1月1日，奥、芬、瑞典三国正式加入欧盟。至此，欧盟成员国增至15个。

根据《马约》规定，欧洲理事会在欧洲联盟组织中居于中心地位，它是欧盟成员国首脑会议，每年至少举行两次会议。《马约》规定："欧洲理事会应为联盟提供其发展所需的动力，并确定联盟的总体政治方针。理事会主席由各成员国轮流担任，任期半年。"

战后的第二号经济大国——日本

20 世纪 60 年代末，日本已经是仅次于美国的资本主义世界第二号经济大国。主要是因为日本经济现代化的实现，而现代化的实现是诸多因素共同作用的结果，其中既有外部条件，也有日本政府和人民自身的努力。

▲20 世纪日本首都东京的证券交易所

战后初期日本实行的民主改革，推动其社会经济结构发生较大的变化，也对社会生产关系作了局部调整，建立起适应当代经济发展的资产阶级民主制度和有利于运用现代化管理手段的企业组织形式和管理体制，从而将国民中蕴藏的劳动智慧和创造力激发释放出来，成为推动社会经济高速发展的基础动力。

战后国际形势的演变给日本的经济发展提供了良好的机遇。日本在宪法中被迫放弃战争权，以后又以允许美国驻军为代价，换取美国的“核保护伞”，致使其军费开支相当少，能够把大量的人力物力投入和平经济的发展。朝鲜战争爆发前后，美国开始大力扶植日本，不仅给了它约 36 亿美元的“特需”订货，而且将没收的 850 家军需企业归还给日本政府，并提供了大量的贷款和援助，美国私人资本也大规模涌入日本。美国的扶植，使日本获得了经济发展所必需的资金和技术。

▼第二次世界大战以后，美国将军麦克阿瑟和日本天皇在东京的一次留影

日本自明治维新以后就一直非常重视教育，1872 年政府颁布了全国统一的学制，强制推行小学义务教育。1947 年又进行教育改革，将义务教育的范围扩大到初中。到 50 年代中期，全国 25 岁以上的人口

▲图为一个日本个体经营者正在用餐

中受教育率高达 94%，70 年代中期又基本普及了高中教育。政府教育经费支出在国民收入中的比重逐步上升，20 世纪 50—60 年代在 5% 左右，70 年代上升到 6% ~ 7%，1980 年达到 7.2%。在人才结构方面，政府根据不同时期经济结构的发展变化，调整教育重点。在经济恢复时期，为了提高劳动者的文化素质，把普及初等义务教育作为重点；50 年代后期和 60 年代，国家大力发展重工业，把培养中级技术人才作为教育发展的重点；70 年代以后，日本产业结构从资本密集型的重工业转向知识密集型产业，政府又把培养能自主开发新技术的高级人才和熟练运用新兴技术的中级人才作为教育的重点。由于日本长期坚持"教育先行"的战略，为经济发展保证了人才资源。

日本政府利用国内外各种条件，确定了具有本国特色的发展道路。在这方面，日本的国家干预方式和企业内部的经营管理特点，都对经济发展起了很大的推动作用。除此之外，政府根据日本的特点，一方面采取引进国外先进技术的方针，另一方面确立"贸易立国"的战略，积极有效地开拓国际市场，扩大进出口贸易，加强资本输出。在引进先进技术方面，政府重视世界科技发展的最新动向，甚至利用产业间谍来获取科技情报资料；同时在 50 年代实施审批制度，对引进工作加以管理和引导，以避免重复引进，节约外汇。进入 60 年代以后，日本的经济实力和外汇支付能力加强，政府在这方面的管理才有所放松。日本引进技术是根据本国经济发展的条件和实际需要，有选择有重点地进行的。20 世纪 50 年代中期以前，国家处于经济恢复时期，主要引进电力、钢铁、汽车、造船、机械制造等基础产业部门的传统成套设备和技术。50 年代中期以后，尤其是 60 年代初开始，逐渐转向以购买专利为主来引进新兴技术。从 70 年代中期开始，为了实现从资本密集型向技术和知识密集型产业转变，又以引进尖端技术为主。为了对引进技术进行吸收改造，日本企业不惜花费巨额资金，吸引优秀人才，在仿造的基础上博采众长，改革创新。在开拓国际市场方面，1955 年进出口贸易总额不过

▼日本的妇女正在制作日本小型的太阳旗

▲1971年日本裕仁天皇出访外国

45亿美元，1960年就达到近85亿美元，1965年又上升到166.21亿美元，1970年跃升至近382亿美元。资本输出1970年累计达67.9亿美元。

长期坚持推行高积累、高投资和强化资本积累的政策，实现低成本高效益的运行机制，也是日本政府宏观调控政策的内容之一。高积累的基础是高剥削率、高储蓄率和低福利。战后日本工人的工资水平在西方发达国家中最低，而且增长速度远远低于劳动生产率。相反，受文化传统的影响，日本民众的家庭储蓄率（即家庭储蓄占家庭可支配收入的比例）在西方发达国家中却是最高的，由家庭储蓄形成的投资约占社会投资总额的1/3。此外，政府也进行巨额投资，60年代政府投资占到国内投资总额的24%左右，70年代上升到约30%。私人投资和国家投资两者相加，使全国固定资本形成总额从1955年的17030亿日元猛增到1985年的875610亿日元，30年内增长50倍。固定资本形成总额占国内生产总值的比重，长期保持在1/3左右，高于其他发达国家。资本的投资效率也一直高于欧美发达国家。在高效益的前提下，急剧增长的投资推动了日本经济迅速发展。

▼战后日本致力发展经济，使本国人民生活水平飞速提高

第五章

任重道远
社会主义遇挫折

本章的主要内容：首先介绍的是在赫鲁晓夫执政时期，苏联展开了对“斯大林模式”的改革尝试，从此便开始了苏联历史的一个新阶段。他在政治体制和经济体制等方面都进行了一系列的改革，由于种种原因使得社会政治经济形势又朝着危机的方向发展。

接着讲的是由于赫鲁晓夫改革的不成功，1985年，戈尔巴乔夫上台之后，又进行了改革。1991年“八·一九”事件后，苏联国内政治力量的对比发生变化，苏联共产党被排挤出政权，国家政权性质发生了根本的变化。12月25日，戈尔巴乔夫宣布辞去苏联总统和武装力量最高统帅职务，并将核武器控制权交给叶利钦。当晚，升起了作为俄罗斯国旗的帝俄时代的白、红、蓝三色旗。从此苏联这个国家就不存在了。

最后介绍的是匈牙利事件与布拉格之春。

本章内容：

赫鲁晓夫的改革

戈尔巴乔夫的改革和苏联的解体

匈牙利事件与布拉格之春

赫鲁晓夫的改革

1953 年 3 月，斯大林逝世。苏联政局一度动荡，后来，赫鲁晓夫作为苏联最高领导人的地位稳定下来。

1956 年，苏共召开第二十次代表大会，赫鲁晓夫在内政和外交方面提出了一些与传统的马克思主义思想不尽符合的新观点。

▲赫鲁晓夫，1953—1964 年担任苏共中央第一书记

在苏共二十大闭幕的当夜，赫鲁晓夫突然通知代表再次开会，向他们作了《关于个人崇拜及其后果》的报告，即《秘密报告》。赫鲁晓夫在报告中揭露了斯大林在 30 年代大清洗运动中和卫国战争初期所犯的许多严重错误。但他对问题的分析肤浅，评价也不公平，把这些错误全归结于斯大林的个人品质问题。秘密报告打破了对斯大林的个人崇拜，在苏联国内造成了思想混乱。会后，苏联的报刊掀起了批判斯大林的高潮，进行了大规模的平反冤假错案工作。在国际上，帝国主义借此掀起了反苏反共的浪潮，

◀1960 年 5 月 26 日，赫鲁晓夫展示一幅 U－2 飞机在苏联境内被击落的照片，并表示，将打败一切来犯之敌

▼赫鲁晓夫在美国安德鲁空军基地发表演说；1958 年赫鲁晓夫成为拥有 2 亿人口的苏联总理，同时继续担任共产党的第一书记

一度造成了东欧政局的动荡。

赫鲁晓夫当政期间，在经济领域进行了一些改革，虽然有成效，但是他的改革缺乏正确的指导思想，在具体做法上也只是对原有体制进行小修小补；加上他的作风缺乏实事求是的精神，提出一些不切实际的口号与目标，这一切导致改革的失败。

赫鲁晓夫在经济领域的改革首先从农业开始：取消农产品义务交售制，提高农副产品的收购价格，以调动农民生产的积极性；改组机器拖拉机站，把原属国家的农业机械卖给集体农庄；为提高粮食产量开展大规模的垦荒工作和推行“玉米运动”。

工业方面，把管理权力由中央下放到地方，对工业的发展有所促进；但后来，因新的矛盾产生，又把权力陆续收归中央。在庆祝十月革命40周年时，他提出15年内在人均产品产量方面赶上和超过美国。1961年，他又声称苏联将在“20年内基本建成共产主义社会”。

1964年，赫鲁晓夫下台，苏联开始了勃列日涅夫执政的18年。勃列日涅夫把经济改革的重点放在重工业上，因此，苏联的军事和综合国力大为增长，一跃而成为与美国匹敌的超级大国，但人民生活改善不多。勃列日涅夫执政后期，随着他个人专断作风的滋长，政治生活的僵化，中央集权的计划经济体制活力衰退，社会矛盾丛生，加上对外政策上的扩张和大国沙文主义的加强，国家陷入困境。

▼赫鲁晓夫和美国总统尼克松在莫斯科会晤时，两人言辞激烈，针锋相对

▼1964年10月17日，勃列日涅夫担任国家领导人时的情景

▼1959年赫鲁晓夫和尼克松的“厨房辩论”，争论的内容涉及各种各样的话题——从洗衣机的优点、自由交流思想，一直争论到最高级会议以及火箭的问题

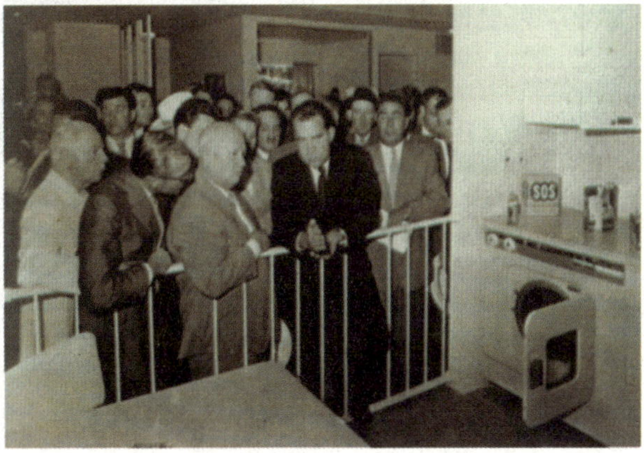

戈尔巴乔夫的改革和苏联的解体

1985 年，戈尔巴乔夫当选为苏共中央总书记。他上台之初，把注意力集中在经济领域的改革上，困难重重，无法打开局面；从 1988 年起，转而进行政治改革。

▲里根和戈尔巴乔夫举行会谈，1985 年 11 月 19—21 日，美国总统里根和苏联共产党总书记戈尔巴乔夫在日内瓦举行两天的会谈，这也是苏美自 1979 年以来的第一次首脑会谈

在政治改革中戈尔巴乔夫以“人道的、民主的社会主义”取代科学社会主义，提倡所谓“民主化”和“公开性”。对斯大林的全盘否定和苛刻谴责，造成了否定革命历史、丑化共产党和社会主义的严重后果，引起了人们的思想混乱。1990 年，苏联局势更加动荡，苏共中央全会决定放弃党的领导地位，实行多党制；苏联的国民经济开始大滑坡；潜伏已久的民族矛盾像火山一样爆发出来，民族分离活动愈演愈烈；苏共党内斗争也日趋尖锐和公开化。

在政治改革过程中，一些加盟共和国的分离倾向日益严重。1989 年，立陶宛、拉脱维亚、爱沙尼亚和乌克兰等国都有民族分离的活动。1990 年，立陶宛率先宣布脱离苏联。接着，俄罗斯带头发表“主权宣言”，其他 9 个加盟共和国也相继发表“主权宣言”，宣布本国是主权国家，本国的法律高于全苏法律；全苏的法律只有在不违背共和国法律或经共和国最高苏维埃批准才具有合法性。

1991 年，苏联就是否保留苏联举行全民公决，大部分公民表示赞同保留联盟和原

▼戈尔巴乔夫发表电视讲话，这是 1991 年 12 月 25 日晚，他在电视上发表讲话宣布辞去苏共中央总书记职务的情景

▼“八·一九”事件中苏联政变军人倒戈

国名。此后，戈尔巴乔夫与原联盟一些共和国领导人，就签订新的联盟条约进行磋商。8 月，《苏维埃主权共和国联盟条约》公布。条约将苏联改名为苏维埃主权共和国联盟，并把它变成一个松散的邦联。这激起了党内一些高级干部的强烈不满，党内外的斗争急剧尖锐化。就在条约即将签署的时候，爆发了党内一些高级干部企图控制局势的“八·一九”事件。

8 月 19 日凌晨，塔斯社发表了一条令人震惊的消息：苏联副总统亚纳耶夫宣布，鉴于总统戈尔巴乔夫健康状况欠佳，即日起由他本人履行总统职务。同时宣布成立国家紧急状态委员会，实行紧急状态。委员会发表《告苏联人民书》，称戈尔巴乔夫倡导的改革已“进入死胡同”，国家“面临致命的危险”。军队随即开进了莫斯科。苏联紧急状态委员会的行动遭到了叶利钦等人的抵制，形成了军队同叶利钦支持者在俄联邦苏维埃大厦附近对峙的局面。美国总统布什发表声明，不承认紧急状态委员会，要求恢复戈尔巴乔夫的权力。各加盟共

▲ 1991 年叶利钦的支持者在红场集会

▼爱沙尼亚人示威要求政治自由，戈氏改革失败，偏离了社会主义方向，苏联经济、政治、社会和民族问题全面爆发

▼在苏联“八·一九”事变之后，莫斯科街头布满了坦克

和国领导人纷纷声明支持叶利钦，军队也开始分裂。叶利钦声明接管俄罗斯境内的全部苏军，命令所有部队返回原驻地，不要参与政变，控制了局势。局势变得对紧急状态委员会不利。21日晚上，戈尔巴乔夫声明他开始“完全控制局势”。为期三天的“八·一九”事件结束。

▲苏联“八·一九”事件发生后，叶利钦高兴地举起了完全属于自己国家的国旗

“八·一九”事件改变了苏联国内政治力量的对比。叶利钦及其支持者迅速掌握了国家大权。苏联共产党被排挤出政权，国家政权性质发生了根本的变化。各共和国分离势力急剧增长，纷纷宣布独立。仍试图维持联盟的戈尔巴乔夫与各共和国领导人多次磋商，均未成功。12月8日，俄罗斯、乌克兰、白俄罗斯三国领导人在明斯克签署协定，宣布成立独立国家联合体。此后，俄罗斯等11国领导人在哈萨克斯坦首都阿拉木图签署《阿拉木图宣言》，独立国家联合体扩大到苏联绝大部分加盟共和国。“独联体”是国家的联合组织，而不是一个国家。至此，苏联完全解体。

“八·一九”事件发生后不久，戈尔巴乔夫宣布辞去苏共中央总书记的职务，并建议苏共中央自行解散。各共和国的共产党组织或宣布脱离苏共，或更改党的名称，或宣布停止活动，或被禁止活动。执政70多年的苏联共产党在组织上顷刻瓦解。12月25日，戈尔巴乔夫发表电视演说，宣布辞去苏联总统和武装力量最高统帅职务，并将核武器控制权交给叶利钦。当晚，苏联的镰刀锤子红旗从克里姆林宫上空降下，升起了作为俄罗斯国旗的帝俄时代的白、红、蓝三色旗。第二天，苏联最高苏维埃举行最后一次会议，正式宣布苏联停止存在。

◀克里姆林宫升起了俄罗斯国旗，长期经营的社会主义大厦——苏联就这样倒塌，引人深思

匈牙利事件与布拉格之春

1956 年 2 月苏联共产党第二十次代表大会之后，在匈牙利劳动人民党内、社会各界人士和人民群众中，要求批判拉科西·马加什的情绪日益强烈。1956 年 7 月，匈牙利劳动人民党中央全会宣布解除拉科西中央第一书记职务，由格罗·艾尔诺接替。匈牙利政治形势日趋恶化。布达佩斯从 10 月 23 日清晨起，先是由几千名大学生，随后增加到大约 10 万市民举行和平示威游行。大多数参加者要求纠正以前的错误，实行新的经济政策，要求纳吉·伊姆雷出任总理。

▲杜布切克，曾任捷克斯洛伐克共产党的第一书记

格罗·艾尔诺发表广播演说指责示威游行，进一步激化了矛盾。当天夜晚，一批暴乱分子武装袭击国家广播大楼，随即攻占电台以及一些武器仓库和警察哨所，进而袭击公安部队人员和共产党人。深夜，匈牙利政府宣布改组，由纳吉·伊姆雷出任总理。纳吉·伊姆雷向全国发表广播讲话，声称这次事件为反革命事件，政府已请求驻扎在匈牙利的苏联部队协助平息叛乱，要求闹事者放下武器。此后，暴乱波及全国。10 月 28 日，纳吉·伊姆雷在广播讲话中宣布苏军将撤离布达佩斯，解散国家保安局，成立新政府。

10 月 30 日纳吉·伊姆雷宣布取消一党执政。三天后，组成所谓四党联合政府。11 月 1 日，纳吉·伊姆雷宣布匈牙利退出华沙条约组织，实行中立，呼吁联合国进行干涉。

以卡达尔·亚诺什为主席的匈牙利劳动党中央六人主席团在 10 月 31 日宣布解散匈

▶1968 年 8 月开进布拉格街头的苏联坦克

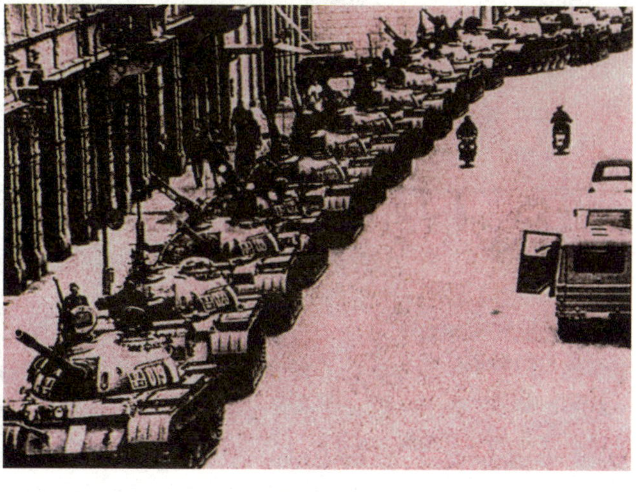

▼1956 年 11 月的匈牙利事件，苏联的坦克开进布达佩斯

▲捷克人民反抗苏军的入侵，从图中就可以看出人民群众那种强烈不满的情绪

牙利劳动人民党，重建新的匈牙利社会主义工人党。11 月 4 日，以卡达尔·亚诺什为总理的匈牙利工农革命政府宣告成立。政府宣布，已向苏联提出，请求红军部队帮助恢复国内秩序。同日，苏军进入布达佩斯。

1956 年匈牙利事件后，以卡达尔为首的匈牙利党和政府总结了经验教训，实行了一些新的经济政策。从 1968 年起，又开始了大规模的经济体制改革：在生产资料社会主义所有制的基础上，把国民经济按计划发展的中央管理与商品关系、市场的积极作用有机地联系起来。匈牙利的改革取得了一定的成效，特别是农业生产有了较快的发展，经济发展平稳，市场比较繁荣，人民生活有较大提高。

20 世纪 60 年代，捷克斯洛伐克的经济发展遇到严重困难，党内斗争激烈。1968 年年初，改革派取胜，杜布切克出任捷共中央第一书记。捷共中央公布了革新社会主义的《行动纲领》，提出发扬社会主义民主，改革党的领导体制，贯彻计划与市场相结合的经济体制，对外奉行独立自主的方针。捷克斯洛伐克进入了“布拉格之春”的改革新时期。然而，苏共领导指责《行动纲领》偏离了社会主义道路，并于 8 月出兵占领了捷克斯洛伐克。捷克斯洛伐克的改革由此中断。

▼捷克人民群情激愤，将苏军的坦克阻止在街头

第六章
摧枯拉朽 殖民霸权时不长

本章的主要内容：首先介绍的是第二次世界大战以后，经过亚洲、非洲和拉丁美洲国家人民的不懈努力和斗争，帝国主义的殖民体系彻底崩溃。以广大亚、非、拉美发展中国家为主体的第三世界力量不断壮大，在国际事务中发挥了越来越重要的作用。广大发展中国家在取得独立以后，开始努力振兴自己的民族经济。20世纪七八十年代以来，亚洲一些国家和地区的经济发展特别引人注目，成为世界经济发展速度最快的地区之一，为世界经济注入了新的活力。

接着讲的是战后在中东地区一共发生的四次战争。突出表现了战后中东地区矛盾的复杂性。

本章内容：

亚非拉国家独立运动的高潮

动荡的中东地区

亚非拉国家独立运动的高潮

▲尼赫鲁

亚洲民族独立运动 战后初期，亚洲、非洲出现民族独立运动的高潮，比较突出的事件有印度尼西亚的独立、印度和巴基斯坦的分治和独立、以色列的建立。

1945 年，在获悉日本投降后，印度尼西亚民族资产阶级代表苏加诺发动和领导了八月革命。印度尼西亚人民奋起夺取日军武器，占领工厂、电台，革命成功。苏加诺宣布了印度尼西亚共和国成立，并担任共和国总统。不久，荷兰殖民者卷土重来，两次发动殖民战争。根据荷兰和印度尼西亚 1949 年签订的协定，印度尼西亚在名义上取得“独立”，但必须参加以荷兰女皇为元首的“荷兰—印尼联邦”。1954 年，印度尼西亚宣布取消它同荷兰的联邦关系，最终取得独立。

第二次世界大战后，印度人民掀起了民族独立运动的新高潮。英国政府不得不改变殖民政策，但仍采用“分而治之”的方针。1947 年，最后一任英国驻印总督蒙巴顿公布了“印度独立法案”，即“蒙巴顿方案”。它的主要内容是：把印度分为印度教徒的印度和穆斯林的巴基斯坦两地自治，英国分别向两者移交政权。同年秋，印度和巴基斯坦分别独立。印、巴的独立标志着英国长达 190 年的殖民统治结束，但分治给印、巴两国人民带来长期的不利影响，为它们以后的矛盾和冲突埋下了种子。

▼尼赫鲁和巴基斯坦首任总督真纳在一起，尼赫鲁是印度自治后第一任总理

尼赫鲁成为印度自治后第一任总理，真纳出任巴基斯坦第一任总督。50 年代，印度和巴基斯坦都成为共和国，但两国仍留在英联邦内。在印、巴民族独立的过程中，交织着印度教和伊斯兰教两大教派的矛盾，以及由此引起的流血冲突。谴责教派仇杀、呼吁团结的印度圣雄甘地，也成为教派冲突的牺牲者，1948 年初被一名狂热的印度教徒杀害。

第二次世界大战后，联合国大会通过了巴勒斯坦地区“分治”、建立一个犹太国家和一个阿拉伯国家的决议。1948 年，以色列国建立；英国宣布结束在巴勒斯坦的“委任统治”。但是，巴勒斯坦的阿拉伯人国家并没有建立起来。

西亚的巴勒斯坦地区原来是古代希伯来人的栖

息之地，第一次世界大战以后，英国获得这一地区的“委任统治”权。英国支持犹太复国主义运动，世界各地的犹太人陆续迁往巴勒斯坦。

▲繁忙的苏伊士运河，苏伊士运河位于埃及的东北部，南北贯穿苏伊士地峡，是连接欧、亚、非三洲的重要通道

以色列国成立次日就爆发了第一次中东战争。以色列国占领了大片原计划给阿拉伯人的巴勒斯坦土地。大批巴勒斯坦阿拉伯人离开家园，流落到其他阿拉伯国家。1967年第三次中东战争，以色列又占领了包括耶路撒冷在内的整个巴勒斯坦和埃及的西奈半岛等地区。

北非民族独立运动 第二次世界大战中，北非地区是反法西斯的重要战场之一。苏丹、突尼斯、摩洛哥和利比亚在50年代先后取得独立，以及埃及收回苏伊士运河主权的斗争和阿尔及利亚长达七年之久的民族解放战争，是战后这一地区民族独立运动的重要事件。

▲受到群众热烈欢迎的埃及民族英雄纳赛尔

战后初期的埃及处于封建王朝的统治之下。1952年，纳赛尔领导的、由埃及中下层青年军官组成的“自由军官组织”发动武装起义。国王被废黜，新政府建立起来，埃及成为共和国。1956年，最后一批英军撤走，英国对埃及长达70多年的殖民占领结束；埃及总统纳赛尔宣布收回苏伊士运河的主权。

▲1956年7月20日，埃及宣告独立，埃及国旗取代了在开罗上空飘扬的英国“米”字旗

在埃及收回运河区主权后，英国并不甘心失败。英法不仅支持以色列在1956年侵入埃及的西奈半岛，还借口“保护”运河，侵略埃及。这就是第二次中东战争。他们的侵略行径遭到了全世界人民的谴责，美、苏也表示反对。联合国大会紧急会议通过决议，要求英、法、以军队撤出埃及，侵略军被迫撤走。埃及终于实现了苏伊士运河的国有化。

◀正在建设中的巴拿马运河下游闸门东段；1912 年，建造巴拿马运河的工程继续进行，于 1914 年顺利完工，这为西方的远洋轮船进入南美市场提供了一条捷径，使美国两岸的海军首次得以交流

第二次世界大战结束后，法国力图维持在阿尔及利亚的殖民统治。1954 年，“阿尔及利亚民族解放阵线”成立，组织了武装起义。起义军逐步控制了全国大部分地区。法国政府无力继续进行殖民战争，到 1962 年，被迫签订“埃维昂协议”，同意阿尔及利亚独立。阿尔及利亚民族解放战争的胜利，结束了法国长达 130 多年的殖民统治。

拉丁美洲的民族独立运动 在战后拉丁美洲的民族独立运动中，50 年代末的古巴革命是一次具有重大影响力的事件。1959 年初，以卡斯特罗为首的起义军，在工人、学生的支持下，攻入首都哈瓦那，美国支持的独裁者逃往国外，美国对古巴半个多世纪的殖民统治结束。此后，古巴又挫败了美国的经济封锁和美国支持的雇佣军入侵。卡斯特罗在 1961 年宣布古巴是社会主义国家。领导古巴革命的三个组织合并为“社会主义革命统一党”，后改名为古巴共产党。古巴政府实行了以国有化和土地改革为中心的社会经济改革。面对美国的长期压力，古巴一直坚持走社会主义道路。

这一时期巴拿马人民掀起了要求收回运河区主权的斗争。巴拿马运河连接着大西洋和太平洋，具有重要的战略意义。20 世纪初，美国先是策动巴拿马脱离哥伦比亚，后又通过美巴条约占领运河区，将它变成巴拿马的“国中之国”，实行殖民统治。运河区由美国任命的总督管辖，悬挂美国国旗，实施美国法律，建立美国的军事基地。美国付给巴拿马的“租金”仅相当于所收取的运河船只通过费的 1%。经过巴拿马人民的长期斗争，到 1977 年，巴美签订了关于巴拿马运河的新约。新约规定，旧的美巴条约及一切与运河有关的协定一律作废，巴拿马可以逐步参加运河的管理、保护和防务等工作，直至最终收回运河区的主权。到 1999 年年底，运河区的主权和管辖权全部交还巴拿马。

▲行驶在巴拿马运河上的船只

动荡的中东地区

▲在战争的第一天埃及空军米格－21战斗机就遭到重创

第二次世界大战后，在英、美、苏等国的操纵下，联合国通过了巴勒斯坦分治的决议，结束了英国在巴勒斯坦的统治，并撤出军队，在巴勒斯坦土地上建立了两个国家，即巴勒斯坦和以色列。

巴勒斯坦和以色列之间的争端从较小规模争斗演变成了流血冲突。巴勒斯坦人和犹太人之间的冤仇越积越深，使得巴勒斯坦和以色列之间的争端成为世界上持续时间最长、最为复杂的争端。由于以色列统治集团坚持其扩张政策，以及美、英、苏等大国出于不同利益在此进行的干涉，使得问题始终没有得到解决，终于酿成了四次中东战争的爆发。

第一次中东战争 1948年5月14日，英国宣布结束其在巴勒斯坦的委任统治。当天，以色列国宣告成立，美国和苏联先后予以承认。但是，阿拉伯国家对以色列采取了坚决抵制的态度，并在以色列建国的第二天即对其不宣而战。由埃及、约旦、伊拉克、叙利亚和黎巴嫩五国联合组成的4万大军挺进巴勒斯坦，向以色列发动进攻，第一次中东战争由此爆发。

战争第一阶段，阿拉伯方面凭借数量优势曾占据主动，一度打到特拉维夫附近。这时在美苏要求下，联合国通过停火决议，双方从6月11日起停火4周。利用这一机会，以色列重新集结兵力，并在美国援助下进口大量武器，为反攻做好了准备。而阿方此时却暴露出了内部不团结的弱点，各参战国彼此争夺主导地位，无法形成统一的指挥系统，因此在第二阶段的战斗中陷入了被动。7月、10月和12月，以色列连续发动反攻，阿拉伯联军则节节败退。在占据优势的情况下，以色列利用对方的矛盾，从1949年2～7月，逐个与交战对手

▼巴勒斯坦的难民被赶出了自己的家园，当时的巴勒斯坦的阿拉伯人不仅丧失了自己的大片土地，而且失去了自己的主体性，在此后很长时间内，他们只能依附于周边的阿拉伯国家

签订停战协定，巩固了自己的胜利成果。

▲战争期间以色列军队的通讯员

◀以色列的步兵

经过这次战争，以色列不仅站住了脚，而且夺取了原本划给阿拉伯人的大片土地，使自己控制的地区扩大到约2.07万平方千米。战争中有96万巴勒斯坦阿拉伯人被逐出家园，沦为难民，联合国决议规定的阿拉伯国家未能建立，尚留在阿拉伯人手中的加沙和约旦河西岸地区分别置于埃及和约旦的控制下。这样，巴勒斯坦的阿拉伯人不仅丧失了自己的大片土地，而且失去了自己的主体性，在此后很长时间内，他们只能依附于周边的阿拉伯国家。同时，这种局面也使以色列长期处于和周边阿拉伯国家对峙的态势，不断制造出新的危机和战争。

第二次中东战争 第二次中东战争起因于苏伊士运河危机。1952年埃及爆发七月革命，推翻了法鲁克王朝，纳赛尔领导的新政府为收回苏伊士运河主权与英法（英法两国拥有运河公司96%的股份，英国还在运河区驻军）展开斗争。经过几年谈判，终于迫使英国在1956年6月将军队全部撤出运河区，但运河的所有权问题尚未解决。

当时埃及为修建阿斯旺水坝急需资金，曾向英美等西方国家寻求援助，西方国家

▼第二次中东战争期间，以色列军队在西奈的自行火炮

因埃及不愿接受附加的政治条件(由西方国家实施财政监督并停止与苏联的军火交易)而于1956年7月宣布撤销曾允诺的援助。此举激怒了埃及，7月26日，纳赛尔在亚历山大港举行的群众大会上宣读了将苏伊士运河收归国有的法令，表示要用运河的收入来修建阿斯旺水坝。不愿失去运河权益的英法决定对埃及进行武装干涉，这时，以色列也参与其中，积极配合英法打击埃及。10月29日，以色列首先出兵，侵入西奈半岛，随后，英法联军对埃及各大城市进行了空袭，并对运河区实施空降和登陆作战。埃及军队进行了顽强抵抗，为了集中力量保卫运河区，埃军从西奈撤出，重点对付英法联军，挫败了英法占领塞得港和苏伊士城的企图。

▲以色列的军队进军苏伊士城郊外

运河危机和战争引起世界的关注，各国舆论大多站在埃及一边谴责英法的侵略行径。11月1日，联合国召开紧急会议，并于3日通过立即停火和要求英、法、以撤军的决议。这时，苏联和美国对英法也施加了不同程度的压力。处于孤立境地的英法被迫于11月6日宣布接受联合国决议。第二次中东战争以英法的失败而告终，但在这场战争中以色列却部分达到了自己的目的，由于联合国决定派遣维和部队进驻西奈半岛，实际增强了以色列的安全感，并保证了亚喀巴湾的通航，避免了埃及对航道的封锁。

第三次中东战争 第二次中东战争后，美国和苏联取代英法成为中东地区的支配势力。以色列和阿拉伯国家则分别依赖美苏的援助和支持。在美苏的武装下，中东地区的军备水平迅速提高，军事对峙的局面也日趋严重。1964年5月，巴勒斯坦解放组织宣告成立，该组织以消灭以色列为自己的斗争目标。从1965年起，巴勒斯坦解放组

▼以色列军队的伤兵

▼以色列军队正在进攻的场面

▲以色列的国防部长达扬与拉宾进入耶路撒冷旧城

织在被占领领土上展开了武装斗争。为了将巴勒斯坦人民的抵抗运动扼杀在萌芽状态，也为了防止周边阿拉伯国家的进攻，以色列当局采取了先发制人、用主动进攻和扩张领土的方式谋求安全生存环境的战略。于是，经过精心策划和准备，以色列于 1967 年 6 月 5 日发动了第三次中东战争。

6 日清晨，以色列出动 500 余架飞机对埃及的机场和导弹基地进行突然袭击，摧毁了埃及空军及其防空力量，夺取了制空权。随后，以色列地面装甲部队分三路向加沙、西奈半岛进攻，并迅速占领了这些地区。与此同时，以色列还分兵向约旦和叙利亚发起进攻，占领了约旦河西岸的阿拉伯地区和戈兰高地。在以军的沉重打击下，阿拉伯国家猝不及防，仅仅 6 天，即丢失了大片土地，被迫接受停火。通过这次战争，以色列占领了包括约旦河西岸、加沙和耶路撒冷东区的全部巴勒斯坦土地，还占领了埃及的西奈半岛和叙利亚的戈兰高地，共获得 6.5 万平方千米土地。然而，军事上的胜利并不能确保以色列的安全，也无法消除阿拉伯人的抵抗，相反，这次战争的结果进一步激发了阿拉伯人对以色列的仇恨，中东地区陷入了战争和报复的循环状态。1967 年 11 月 22 日，联合国通过第 242 号决议，要求以色列退出第三次中东战争中占领的阿拉伯领土，同时也要求阿拉伯国家尊重并承认以色列的主权，但在当时的形势下，双方都拒

▼在战争中，以色列攻占西奈半岛、耶路撒冷旧城、约旦河西岸以及戈兰高地

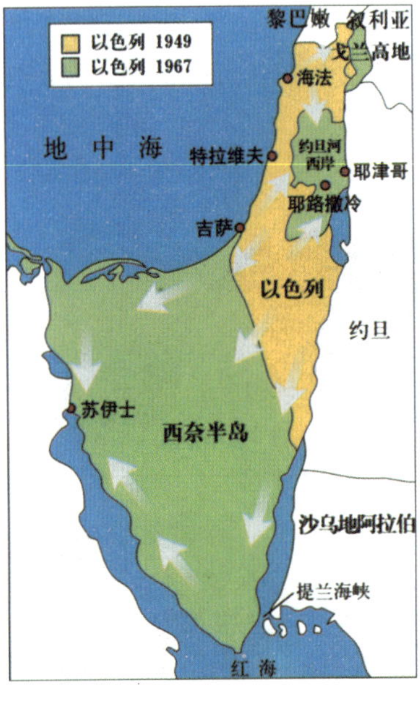

▼1973 年 10 月第四次中东战争中戈兰高地上的战斗场景

▲中东战争中的军车

绝这个决议。

第四次中东战争及其影响

为了洗雪战败的耻辱，收复失地，埃及等国在经过数年的准备后，于1973年10月主动发起了第四次中东战争。

10月6日战争打响，埃及和叙利亚联军分别向西奈半岛和戈兰高地突袭，并先后突破以军防线，取得战果。初战失利的以色列迅速调整部署，稳定防线，并于10日起转入反攻。以军的反击首先在戈兰高地得手，12日，战线已推回到原停火线叙利亚一侧。然后，以军运用穿插战术，利用埃及军队结合部的空隙，派遣一支装甲分队渡过苏伊士运河，迂回到埃军后侧，构建登陆场，架设浮桥，接应后援部队，在运河西岸开辟了战场，并直接威胁开罗。此举使埃及军队腹背受敌，丧失了主动权，战争形势发生逆转。

10月22日，联合国安理会通过美苏的联合提案，即要求双方立即就地停火的第338号决议。10月24日，阿拉伯方面接受停火，以色列也停止了军事行动，战争结束。

这次战争的结果虽然没有达到阿拉伯国家原定的目标，也没有解决巴勒斯坦问题，但是，埃及和叙利亚收复了西奈半岛和戈兰高地的部分领土（根据1974年达成的军队脱离接触协议，以军在西奈半岛撤到运河以东约30千米处，在戈兰高地撤出这次战争中新占部分和上次战争中占领的一部分土地，双方军队间留出缓冲区，由联合国维和部队驻扎），遏制了以色列的扩张态势，在中东地区造成了一种战略均势。同时，这场战争比以往的几次战争更深刻地提供了教训，使双方认识到，任何一方都不可能用武力来达到自己的目的，没有和平也就没有安全，只有相互承认对方的生存权利，才有可能为巴勒斯坦问题的解决找到现实的出路，才能为中东地区创造和平的发展环境。因此，正是从第四次中东战争后，埃及和以色列关系开始逐步正常化。

1977年11月，埃及总统萨达特访问耶路撒冷，并在以色列议会发表演说，迈出阿以和平交往的第一步。1978年9月，在美国斡旋下，埃及和以色列达成使关系正常化的《戴维营协议》，1979年3月26日，双方签署《和平条约》，1980年2月，两国建立外交关系，随后以色列分阶段从西奈半岛撤出军队。中东地区开始了漫长而曲折的和平进程。

▼埃及海军的易卜拉欣·阿瓦尔驱逐舰被以色列的军队所俘获

1963年8月28日，几十万支持者聆听马丁·路德·金的演讲，《我有一个梦想》是他最著名的演讲

第七章

东西较量
和平发展应为先

本章的主要内容：首先介绍的是第二次世界大战以后，世界形势发生了很大变化。美国的经济军事实力空前膨胀，逐渐成为资本主义世界头号强国。为了取得世界霸权，遏制社会主义力量的发展，实现统治世界的野心，美国开始对苏联等社会主义国家推行“冷战”政策，形成了以美国为首的资本主义阵营和以苏联为首的社会主义阵营对峙的局面。

接着介绍的是世界经济全球化加速发展的趋向。最后介绍的是有利于世界的安全和稳定的世界多极化发展趋势，并以科索沃战争为例子。

本章内容：

美国推行的霸权政策

世界政治经济的发展

美国推行的霸权政策

美国登上霸主的宝座 第二次世界大战以后，德、日、意成了战败国，英法受到严重削弱，美国成为资本主义世界的霸主。在军事上，美国除拥有庞大的陆海空军外，还垄断了生产原子弹的技术。在经济上，它的实力在资本主义世界中占压倒性优势。

第二次世界大战初期，美国持所谓“中立”态度，同欧洲的交战双方大做军火生意。直到珍珠港事件发生之前，美国还向日本出售军火。这样，美国借这次战争的机会，大发横财。美国参战以后，由于本土远离战场，没有遭到战争破坏；经济在战争刺激下，得到很大发展。它的工业生产增长一倍半，农业生产完成了机械化。在战后国际市场上，英法等国无力同美国竞争。美国大肆倾销剩余物资、商品，大量输出资本，压榨别国人民，造成了初期经济盛极一时的局面。

▼1981年4月14日，美国哥伦比亚号航天飞机从卡纳维拉尔角发射升空

美国的“冷战”政策 战后初期，美国利用经济、军事方面的优势，在经济上，通过布雷顿森林体系，确立了美元在国际货币体系中的统治地位；在政治上，美国企图把资本主义制度推广到世界各国，并企图控制和操纵联合

▲丘吉尔发表演说的场景，他于1946年访问美国时，在富尔敦发表了以“铁幕”一词闻名的反苏反共演说，主张遏制苏联，对抗世界共产主义运动

国，把它作为推行全球扩张政策的工具。为此，美国对社会主义国家实行“冷战”，对欧洲资本主义国家加以扶植和控制，并力求控制广大的“中间地带”，也就是亚、非、拉美国家。

但是，当美国的实力和野心在战后达到空前高度的时候，也是苏联的影响和各国人民的革命运动在全世界范围内日益扩大的时候。在美国看来，正是苏联和各国人民的革命力量，妨碍它实现霸权计划；但美国又不敢贸然越过战时美苏划定的势力范围界限。因此，美国采取了以“遏制”苏联为中心的“冷战”政策。但最先发出“冷战”信号的是英国前首相丘吉尔，他于1946年访问美国时，在富尔敦发表了以“铁幕”一词闻名的反苏反共演说，主张遏制苏联，对抗世界共产主义运动。

美国对苏联等社会主义国家的“冷战”，是指除战争以外的一切敌对活动和对抗形式。杜鲁门主义的提出、马歇尔计划的实施等都是“冷战”的表现。

杜鲁门主义 1947年，美国总统杜鲁门在国会宣读一篇咨文，声称希腊和土耳其正面临着“极权主义”的威胁。他说：“美国的政策必须是支持自由国家人民抵抗少数武装分子，或外来压力的征服企图”，他要求国会向它们提供援助。这就是所谓的“杜鲁门主义”。它既是美国在全球扩张势力的宣言书，也是对苏联发动全面“冷战”的宣言书，又是冷战全面开始的标志。

杜鲁门主义的起因是希腊内战和苏联对土耳其提出缔结新约的要求。1947年，英国通知美国，因经济极度困难，无力继续援助希腊右翼政府镇压共产党领导的武装力量，要求美国接手这一援助，以挽救濒于危机的希腊政权。

在此以前，苏联曾向土耳其提出缔结新

▼美国总统杜鲁门，1947年，美国总统杜鲁门在国会宣读一篇咨文，声称希腊和土耳其正面临着“极权主义”的威胁

▲1951年4月11日，美国总统杜鲁门召回麦克阿瑟将军

▲1947年杜鲁门和马歇尔去访问法国

▲战后初期，德国儿童正在排队等待发放食物

的双边条约的要求，包括把1921年割让给土耳其的两块土地归还苏联，苏联有权在黑海海峡建立军事基地等，引起了苏联和土耳其关系的紧张。对此，杜鲁门在咨文中说，希腊遭到“共产党领导的恐怖主义的威胁”，一旦它作为独立国家“陨落”，不但将危及土耳其和整个中东地区，而且将给欧洲一些国家带来“灾难性”的影响。他认为“极权主义”和任何国家的民族民主革命都威胁着美国的安全。可见，杜鲁门主义远不止是援助希腊、土耳其的一项具体的政策声明，而是以维护美国的安全为幌子，在全世界扩张势力的宣言。

马歇尔计划 杜鲁门主义提出后不久，美国政府很快就发现，原来欧洲最大最稳定的一些国家，却处在他们历史上最严重的经济困难之中。美国担心整个欧洲出现大规模的经济和政治崩溃，会给各国共产党造成在经济动乱中夺取政权的机会。刚从欧洲访问归来的美国国务卿马歇尔要求他的政策规划委员会立即制定出一个向全欧洲提供广泛的经济援助的计划。

▲美国国务卿马歇尔和其新内阁成员在一起

1947 年 6 月 5 日，马歇尔在哈佛大学发表演讲，正式提出：“必须考虑给（欧洲）以额外的、大量的和无偿的援助，不然的话就会面临着非常危险的经济、社会和政治解体”，并声称“我们相信任何政府诚意协助复兴工作，必会得到美国政府的全部合作”，将后来被称为“马歇尔计划”的“欧洲复兴计划”公诸于众。1948 年 4 月，杜鲁门签署了《对外援助法》。这个法案规定：参加马歇尔计划的各受援国，需与美国就援助条件签订双边协定；援助方式分美国出口货物、提供贷款或馈赠几种。苏联、东欧各国也被包括在马歇尔计划之内，但它们拒绝参加。从冰岛到意大利的 16 个国家（指奥地利、比利时、英国、丹麦、爱尔兰、法国、希腊、冰岛、意大利、卢森堡、荷兰、挪威、葡萄牙、瑞典、瑞士和土耳其）参加了这个计划。

自 1948 年至 1951 年，美国用于马歇尔计划的实际拨款达 120 亿美元，对西欧经济的恢复起了重要作用。参加计划的 16 个国家，在不到三年的时间里，工业产量比战前增长 25%，农业产品增长 40%。随着经济的恢复，西欧各国政局稳定下来，强大的法国共产党和意大利共产党的影响也相对减弱。美国也从马歇尔计划中得到了好处。提供给欧洲的援助，主要是贷款而不是现金。这些贷款又主要用来在美国购买设备、机床以及生活用品，然后用船运到欧洲去，这样就极大地刺激了美国生产的发展和产品的出口。

▶马歇尔计划的宣传画；1947 年马歇尔发表了演说，其中他首先谈到了欧洲经济的困难，并提出了由美国帮助欧洲复兴经济的方案，并呼吁欧洲国家采取主动，共同制定一项复兴经济计划，以便美国援助

世界政治经济的发展

▲为和平共存而握手，1993 年 9 月，以色列的拉宾首相（左）和巴勒斯坦的阿拉法特主席（右）达成和解，因此，从 1948 年以来持续的对立朝向和平共存时代迈出一步

冷战结束对世界的影响 东欧剧变和苏联解体之后，美国成为唯一的超级大国，两极格局随之结束。这一变化对世界形势产生了巨大影响。两极格局解体后，世界形势的总趋势是走向缓和，但天下并不太平，明显呈现缓和与紧张、和平与动荡并存的局面。

东欧剧变以后，1991 年华沙条约组织宣告解散。两大军事集团对抗的局面结束，一方面使得维护世界和平的可能性增长，如 1993 年以色列和巴勒斯坦达成和解，相互承认，迈出了和平进程的重要一步；另一方面，出现了一系列新的矛盾，过去在东西矛盾掩盖下的一些问题突显出来，导致地区冲突和民族矛盾加剧。如 1991 年中东地区爆发了海湾战争；前南斯拉夫地区出现了战争和冲突，其激烈程度，为第二次世界大战后 50 年所罕见。

两极格局结束后的世界，国际力量的对比发生了变化。苏联和东欧的剧变，使社会主义的力量受到重大挫折；而国际社会主义力量从挫折中吸取了教训，正在向着更加健康的方向发展。两极格局的结束，也对第三世界国家产生一定影响。少数发达国家经常以所谓“政治民主化”和“人权”问题相要挟，以此作为经济合作的前提，向第三世界国家施加压力，造成一些国家的政局混乱。不过，两极格局的结束，有利于世界的和平与发展，从而有利于第三世界国家振兴民族经济。

东欧剧变和苏联解体后，西方资本主义国家的势力进一步介入原苏联和东欧地区，力图使那里继续发生有利于它们的变化。

▶沙龙，2001 年老沙龙终于如愿以偿的当上了以色列的总理

少数西方国家还对继续坚持社会主义的国家施加压力，企图在“推进民主化”和“尊重人权”的幌子下，以西方的价值观和社会制度取代社会主义的价值观和社会制度，促成这些国家内部的演变。

经济全球化发展趋势 世界人民满怀希望地迎接了新千年的到来。人们关心，经济全球化在新的千年将有什么样的新发展？经济全球化意味着在不断发展的科技革命和生产国际化的推动下，各国经济相互依赖、相互渗透日益加深，阻碍生产要素在全球自由流通的各种壁垒正在不断削减。

可以预料，这一历史进程在21世纪将进一步加快。理由是：第一，科技革命正在迅速发展，许多科技领域，如信息技术、生物和生命工程、新能源技术正在取得不断的突破，并应用于生产。由于各国的优势领域不同，客观

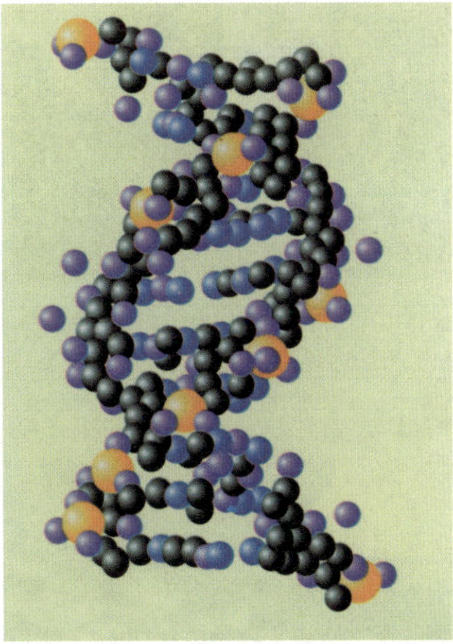
▲电脑模拟的DNA模型，可见20世纪信息技术已经有了空前的发展

▼迪斯尼游乐园的城堡入口

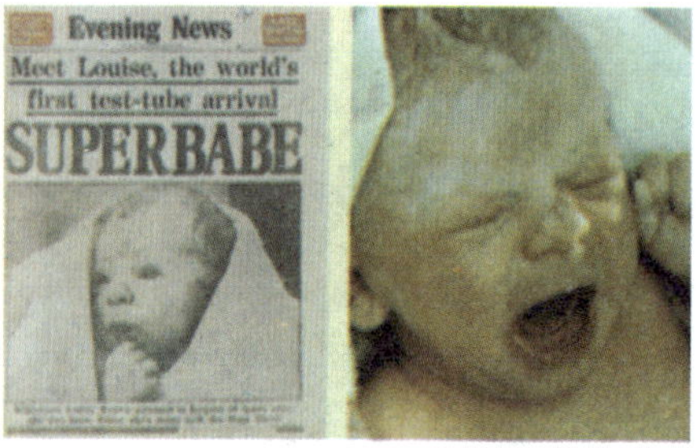

▲1978 年 7 月 25 日，英国伦敦报纸率先登出了“试管婴儿”的消息

▶新加坡，新加坡于 1945 年脱离了马来西亚，成为一个独立的国家

上要求加强全球经济技术合作。第二，冷战结束后，妨碍各国进行经济合作的政治樊篱不再不可逾越。第三，由于中国、俄罗斯、东欧国家和许多发展中国家都在推动市场经济改革，妨碍全球经济合作的经济体制性障碍也大大削弱。第四，全球经济可持续发展面临的大量问题，要求开展广泛的国际合作，而现代科学技术的发展，又为进行这种合作提供了越来越完备的手段。

可以这么说，20 世纪 80 年代以来，世界 GDP 的年平均增长率不到 3%，而同期世界贸易的年平均增长率约 7%，高出很多。这说明在经过了长期的积累以后，经济全球化再次驶入了快车道。1997 年，国际资本流量年均增长率高达 20%，全球资本市场存量则由 5 万亿美元猛增至 70 万亿美元左右。从 20 世纪 80 年代开始加速发展的全球化历史进程，在 21 世纪将进一步加快。

第一，金融业在全球经济生活中的作用日益重要。目前，国际外汇市场的日平均交易量增加到 1.2 万亿美元，相当于世界各国外汇储备总量的 85%，是全球商品和服务出口总值的 70 倍。证券市场对全球资源配置所起的作用得到进一步加强。1994 年全球股票市场的资本总额为 15 万亿美元，1998 年跃升至 27 万亿美元。

第二，国际贸易将有力推动经济全球化的进程。到 2010 年将接近 17 万亿美元。国际贸易的发展，必然推动国家之间在投资、金融货币领域的合作。

第三，将持续推动跨国兼并浪潮。全球 500 家大企业的产值已占世界总产值的 45%。近 10 年来，跨国企业兼并、收购数量之多，规模之大，都超过了历史纪录。

第四，高新技术的影响将越来越大。互联网、网络经济在经济生活中的作用，将改变经济活动的运转方式。

世界多极化的趋向 两极格局解体后的世界，呈现出世界格局多极化的趋势。美国、日本、西欧、中国和俄罗斯之间存在的相互竞争、相互制约的关系，在很大程度上影响着世界各个地区和许多国家，使世界出现了不同于两极格局下的新状态。

原为超级大国的苏联解体，直接加快了多极化趋势。唯一的超级大国美国的经济实力相对衰落，日本、西欧各国经济力量的上升，也使得多极化的趋势加强。俄罗斯的军事和工业基础，中国不可忽视的经济发展速度，都具备成为多极中的一极的潜力。世界的多极化发展有利于世界的安全与稳定。

▲科索沃战争中的一个场面，科索沃战争是1999年爆发的，它是对世界格局产生重要影响的一次事件

20世纪八九十年代世界两极格局的瓦解，同20世纪前两次大的国际格局变动有所不同。其一，它是在没有发生世界大战的情况下出现的；其二，这种格局的变动，不是通过将战胜国的意志强加给战败国，导致各国国际地位变化的；其三，新的国际格局的确立，要通过各国之间的斗争和妥协来实现，这取决于各国综合国力的强弱。而综合国力对比相对稳定局面的形成，需要经过一个较长的时间。因而，新旧格局的交替过程，也必然是一个缓慢的演变过程。

对世界格局产生重要影响的事件，就是1999年的科索沃战争。其原因有：首先，这是美国第一次以“消除人道灾难”的名义，打着“人权高于主权”的旗号，对一个主权国家的侵略战争，从而开创了以“人权”“民族”问题为借口，使国内问题国际化的危险先例。其次，这是以美国为首的北约第一次在其成员国范围之外对一个既未对外采取军事行动，又无侵略意图的国家发动的战争，从而使北约正式由防御组织变成了进攻性和干预性的军事集团。第三，这是北约绕过联合国，不经安理会授权的一场战争。舆论普遍认为，这场战争加强了美国的霸权地位，挤压了俄罗斯的战略空间，暴露了欧洲防务的弱点，恶化了广大发展中国家的国际环境。

▼西欧的会议大厦

因特网将孤立的电脑用户与全世界联通

第八章
凯歌高奏 迈向前方新曙光

本章的主要内容：20 世纪科学技术的发展突飞猛进，特别是第三次科技革命的兴起，对人类社会产生了深远影响，揭开了知识经济时代的帷幕。比如网络技术的发展、生物工程技术的发展以及硅谷的传奇故事，这都是现代科学技术发展的突出表现。第三次科技革命不同于前两次革命。在文学方面的发展以德莱塞的《美国的悲剧》等著名的文学作品为代表，反映了现代文化的高度发展。而在艺术方面的发展，无论是音乐还是美术都在近代史的基础上又迈上一个大台阶。更为突出的是具有时代特色的电影发展起来了，这也是一种综合艺术的发展。

本章内容：

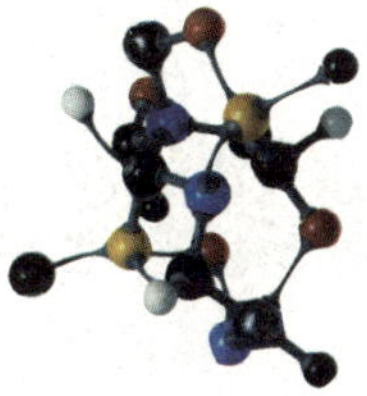

第三次科技革命

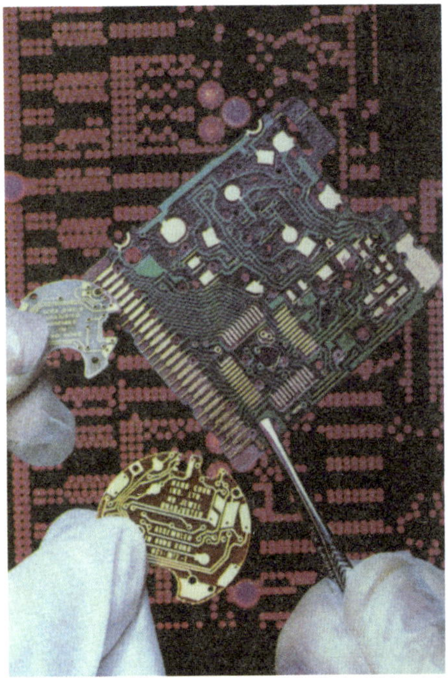

▲现代电子计算机集成电路板

网络技术的发展 所谓网络，就是利用通讯系统将设立在各地的计算机连接起来，以其中的一台计算机作为中心。这样，设置在不同地区，甚至不同国家的计算机便形成了一个庞大的信息加工“联合企业”。网络能够在更大的范围内满足更多人的信息需要。

20 世纪 60 年代末 70 年代初，美国国防部为了方便研究工作的进行，建立了实验性质的 ARPANET。由于 ARPANET 的成功，一些单位也纷纷建构网络加入，主要的有美国国家科学基金会的 NFSNET、太空总署的 NS1……1983 年 1 月 1 日，当 TCP/IP 正式成为唯一的标准协议之后，加入 ARPANET 的网络、机器和用户迅速增长。从开始的 ARPANET 的千台计算机到后来的来自各大学、研究机构的几千台主机和工作站，一直到今天遍布世界的千万用户，Internet 成为一个巨大而前途无量的市场。到 1997 年为止，已有超过 146 个国家、150 万部以上的电脑主机连接到了这个网络。

随着网络向商业的全面开放，这也就孕育了 20 世纪的最大的一次淘金热。新行业紧随着新的技术、新的观念和新的经营管理方式，如雨后春笋一般蓬勃而出；传统行业也在经受着信息浪潮的洗礼，在超越自我中获得新生。昔日的信息咨询业真正如鱼得水，利用四通八达的网络更为便捷地搜集和提供各种各样的信息。而以往在人们心目中模糊抽象的行业形象随着网络的日益普及而深入人心。“知识就是力量，信息就是财富”已不再是一句口号和承诺，它从千言万语的阐释的幕后被网络活生生地摆在人们的面前。

◀▼集成电路计算机所使用的硅片，20 世纪半导体技术迅速发展，出现了中小规模集成电路，使得计算机由此进入了第三代

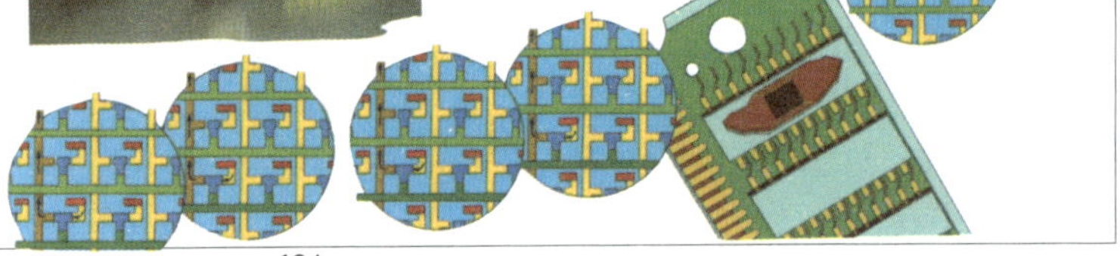

如今，网络技术的应用已渗透到我们生活

▶第一台计算机“埃尼阿克”，电子计算机的诞生是20世纪最伟大的发明创造之一

中的每一个角落。在网络技术应用这个巨大领域内，各种新的应用途径也层出不穷。由于Web浏览器的问世，现在所有的互联网用户不必记忆一大堆枯燥而无聊的命令，他们面前展现出的是一幅绚丽多姿的网络风景画，只要按几下鼠标，就可以方便地到世界的各个角落去翱翔。Web的中文意思是遍及世界的网络。这是由一名在瑞士日内瓦的欧洲核子研究中心工作的科学家发明的。它将不同的彼此相关的信息以超文本的形式组织在一起，融合多媒体技术，将网络信息活灵活现地展现在用户的面前，从而避免了一般人对陌生而繁杂的网络技术望而生畏，使得互联网风靡全球。

Web在网络的商业应用领域中更起到了其他应用不可比拟的作用。我们已经无法回避这样一个现实，即由于电子商务的出现，工业文明时代的商业将重新“洗牌”，全球商业将就此进入一场具有划时代意义的变革之中。最近几年，网上商务活动日趋繁荣，以因特网为基本架构的电子商务正席卷全球。这一商业形式将成为21世纪全球经济交流的一个重要方式，并在组织架构、商品管理、市场信息、产品营销等诸多方面与传统商业展开竞争。Web技术在商业领域里的应用主要分布在两个方面，即在线交易和远程管理。目前，这种基于Web技术的交易方式在国外已扩展到了零售、

▼IBM生产的首批个人电脑之一，PC/AT；个人电脑的市场是从1981年蓬勃发展的，这是IBM公司推出的电脑（PC）

▼微软总裁比尔·盖茨在展示“视窗95”软件

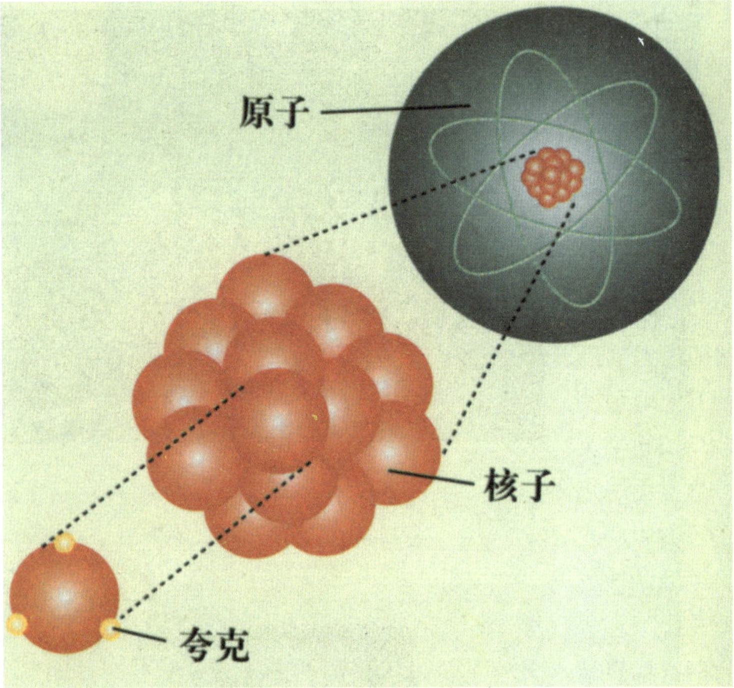

◀寻找夸克，1964 年，粒子物理学家默雷·盖耳－曼提出了夸克的存在，并认为夸克是组成原子的基本粒子之一

批发、旅游和证券领域，其涉及的商品和服务包括汽车、图书、百货、运输及股票交易。此外，Web 技术在商业领域的应用，还从根本上解决了企业信息资源的共享问题，使企业的信息资源配置趋于合理，最大限度地发挥效用。

目前，英特尔、IBM 等国外主要芯片及商用电脑制造商也在不遗余力地推动 Web 技术在电子商务领域的应用。因此可以预见，包括软硬件在内的商务系统集成，将围绕着 Web 技术展开一场大规模的争夺战。谁能在这一领域取得主动，谁就将成为未来电子商务大潮中的受益者。Web 技术已成为商业管理软件的竞争焦点。随着网络商业化应用的逐步推广，它在其他各个领域，如医疗、教育等的应用也日渐深化。网络教育的发展如今也已成为一个热门的话题。随着信息化的不断发展，形形色色的网校、网吧、网上沙龙等都如雨后春笋般地

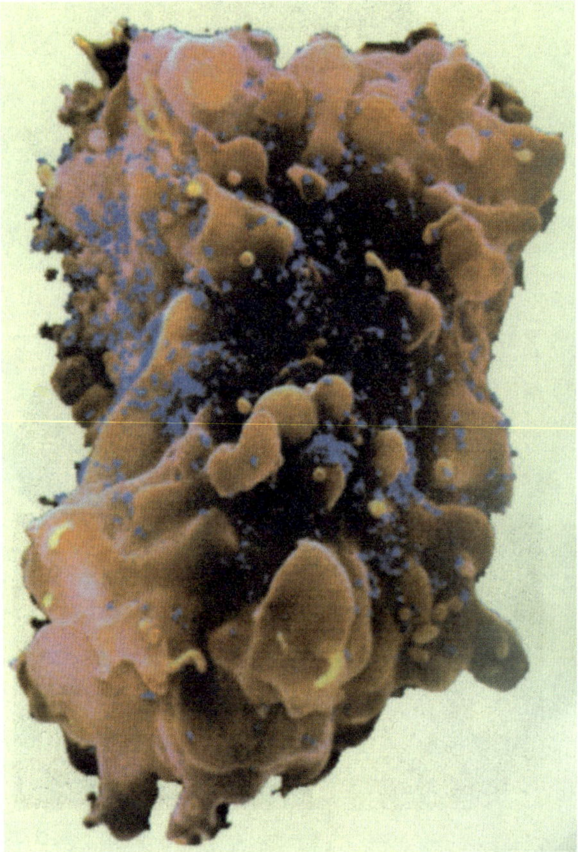

◀在电子显微镜下，HIV（蓝色）袭击一个 T4 淋巴白血球，直到 1984 年，这种病毒才被证明是艾滋病的病原体

涌现，如何最有效地利用这些网络资源，扬长避短，趋利避害，也正是许多专家正在研究的问题。

生物工程技术的发展 生物工程技术系指利用生物体系，应用先进的生物学和工程技术，加工（或不加工）底物原料，以提供所需的各种产品，或达到某种目的的新型跨学科技术。生物工程技术形成于20世纪70年代初，包括基因工程、细胞工程、酶工程、发酵工程（微生物工程）四个部分。基因工程（又称遗传工程）是其中的核心技术。

1953年美国的沃森和英国的克里克建立了DNA的双螺旋结构模型，标志着分子生物学的诞生。DNA即脱氧核糖核酸，是一种起遗传作用的高分子化合物。它的每一片段都储存特定的遗传信息，称作基因。

60年代，科学家又发现了构成DNA的64个遗传密码，各种生物的密码通用，只是构成数量不同。如果将DNA分离出来，并把它组合到另一种生物的遗传物质上去，就可改变生物的遗传特性，获得符合人类需要的新生物品种。1973年美国分子生物学家科恩和博耶成功地进行了DNA重组技术的试验，他们将重组的DNA引入快速繁殖的大肠杆菌中，从而生产出具有某种特性的生物制品。接着，应用这种技术生产出胰岛素、生长激素和干扰素。这说明生物技术已发展到实际应用阶段。科学家们预言，21世纪将是生物世纪，生物技术有可能成为下次技术革命

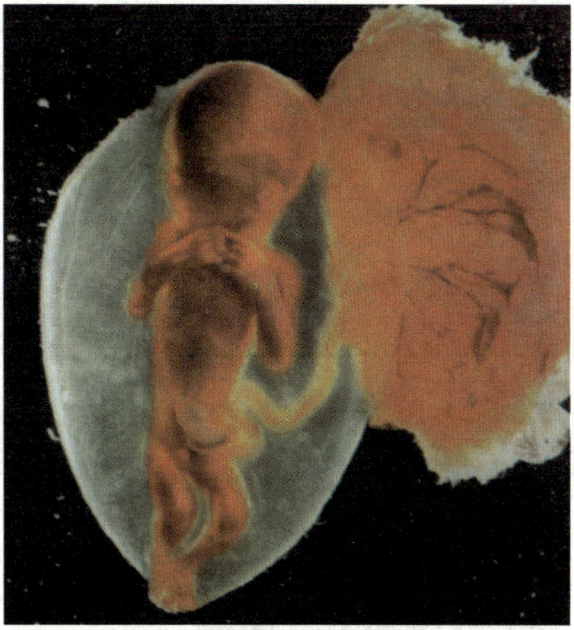

▲生命之谜：人类的胚胎

▼1953年4月25日，沃森和克里克的研究成果表明DNA遗传的核心是两条链

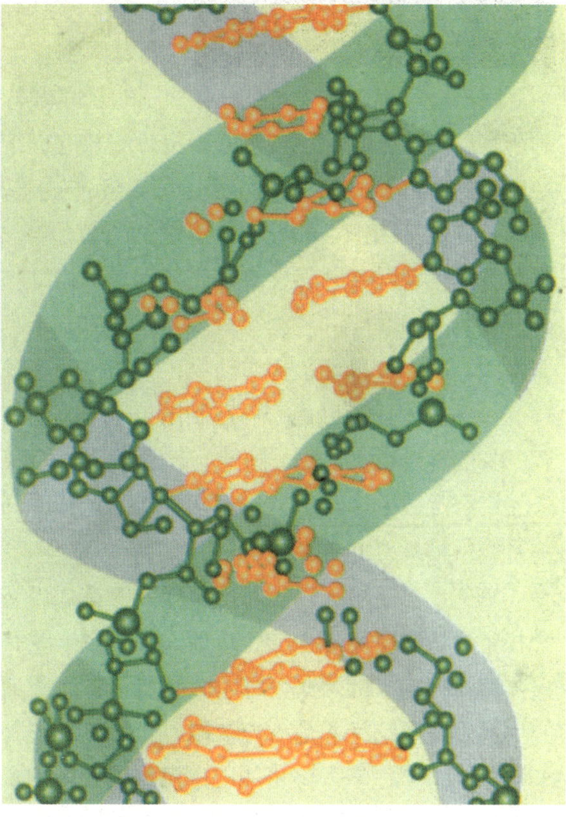

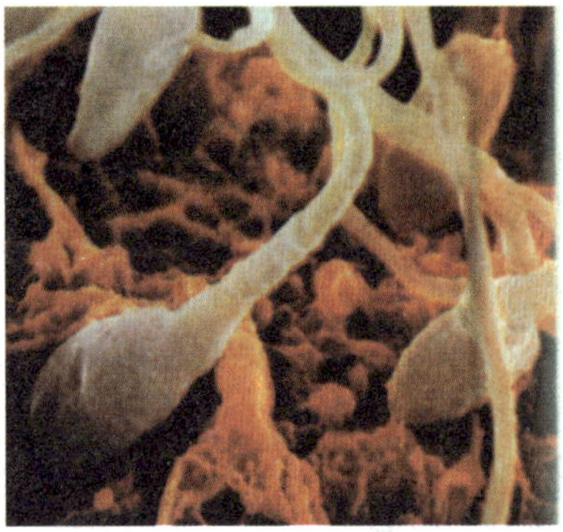

▲▼显微照片中可以看到精子与卵子结合的情景

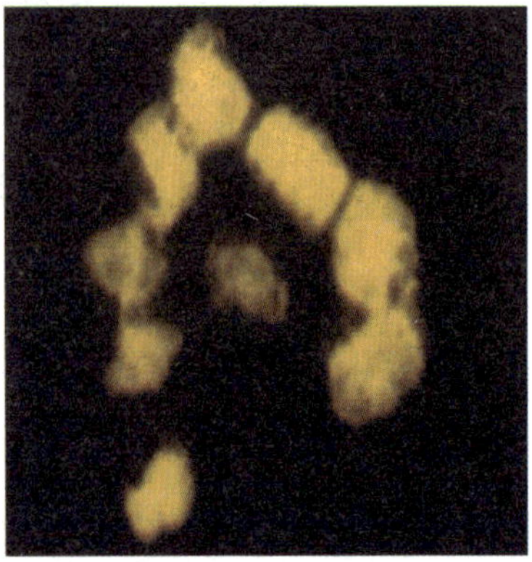

的核心技术。

20世纪末的炸弹——“克隆” 近几年来，遗传学领域的“克隆”技术，成为人们津津乐道的热门话题。所谓“克隆”，是指通过无性繁殖的手段，从一个细胞获得遗传上相同的细胞群或个体群，利用胚胎分割技术或细胞核移植技术，可以产生遗传上相同的哺乳动物。

美国科幻小说《侏罗纪公园》描述了一些不负责任的科学家和唯利是图的商人，从一块琥珀中的蚊子体内里找到了恐龙的遗传物质DNA，并用复制的DNA制造出许多活的恐龙，结果把一场灾难带给人类的恐怖故事。该影片使世界震惊。

1997年，英国科学家变科幻为现实，一只在那里出生的名为“多莉”的山羊备受人们关注。它是由英国卢斯林研究所的动物胚胎学家威尔姆特领导的科研小组采用无性繁殖技术克隆出来的。这只羊与其基因母羊具有完全相同的内外特征，是一只纯粹的复制品。多莉的诞生本身就具有新闻色彩，多莉没有“生父”，而有两个“生母”：其中一个是根据基因特征进行复制的基因母羊，从其乳腺细胞中提取具有决定新生命的所有遗传特征的细胞核；一个提供去核的卵细胞。科学家将核放入卵细胞的胞质使其融合，融合后的卵细胞再植入到第三个母羊的子宫内发育生长。150天后，母羊生下了“多莉”。提供基因细胞的母羊并不是生产的母羊，而最终生产的母羊只相当于一个“孵化器”。这就意味着，只要有优质基因母羊的细胞，就可以随时培育出完全相同品质的羔羊。复制“多莉”的过程完全依照基因的分子克隆技术，人们可以根据需要，在像工厂流水线上一样大量繁殖优质动物，特别是一些濒临灭绝的稀有珍贵动物。

“多莉”只不过是一只复制出来的羊，却引起了人们极大的恐慌和不安。看管“多莉”的负责人称它是“一只受上帝诅咒的羊”。因为这是在为“克隆人”做准备，而“克隆人”一旦真的出现，从伦理角度看，无异于一颗投放在全世界的生物原子弹，将人伦关系炸得模糊、混乱和颠倒。

首先，“克隆人”是对生育模式的挑战。它的出现，将彻底打破人类传统的生育概念和生育模式。克隆人的生育模式不一定非要有男性的精子与女性的卵子相结合不可，只要有体细胞和卵子胞浆即可，这样单身女子或两个女同性恋者也可实现非传统但正常的生育过程。这绝不是天方夜谭，而是克隆技术赋予的能力。

其次，“克隆人”将冲击生育与男女婚姻紧密联系的传统模式，他降低了自然生殖

▲英国胚胎学家伊恩·维尔姆特和克隆羊在一起

过程在夫妇关系中的重要性，进而冲击传统的家庭观以及权利与义务观。举例来说，一个男子的体细胞核可以由其女儿的去核卵和子宫孕育出克隆人，这是完全有可能发生的事，这种父女共同协作生育出“父亲”的事情有悖于伦理，让人难以想象与接受。

还有，克隆人的出现还可能使历史的罪恶重演。美国的一位科学家曾警告说，克隆技术应当永远不公布，以免陷入无尽的罪恶之中。

▼这是人类历史上出现的第一只克隆羊“多莉”，克隆技术的发展是现代科技发展的重要表现

近两个世纪来，生命科学越过了一道又一道障碍，揭开了一个又一个谜底，现在的生命学科已经是最复杂庞大的学科群，包括生物学、农学、医学等。而其内部的分支已经令人眼花缭乱，应接不暇。分支与分析并进，繁杂与深入同行。作为基本的科学的发展规律，生命学科正处于重大综合的前夜，是需要天才与突破的大好时代，21 世纪必然是生命科学的黄金世纪。

文学的空前繁荣

西奥多·德莱塞 （1871—1945）20世纪美国著名的现实主义作家。生于印第安纳州一贫苦移民家庭。中学未毕业，12岁便自谋生计。当过报童、农场杂工、洗碗工、收账员、挖煤工，对美国下层社会状况十分熟悉。1888年，得到小时候的女老师的资助，读了一年大学。1892年，当了新闻记者。1897年开始从事文学创作。1900年发表第一部长篇小说《嘉莉妹妹》，其中描写了在金钱至上的美国社会里一个出身于劳动家庭的纯洁少女——嘉莉走上堕落道路的悲剧。1911年发表第二部长篇小说《珍妮姑娘》，描写了工人家庭的姑娘珍妮的悲惨遭遇。1912年发表长篇小说《金融家》，此篇和《巨人》《斯多葛》合称《欲望三部曲》，深刻揭露了美国大资本家巧取豪夺的罪恶。1925年，长篇小说《美国的悲剧》问世，使作者一跃而成为全美最有名的作家。这部小说是德莱塞最优秀的作品，小说描写了一个普通的美国青年在腐败的社会风气影响下，追求“上等人”的生活，堕落成为杀人犯的故事。在这部小说里，德莱塞集中批判了美国的生活方式，深刻揭露了美国社会制度的罪恶。1945年，德莱塞以74岁的高龄，加入了美国共产党。

▲图为小说《珍妮姑娘》中的主人公珍妮，这是西奥多·德莱塞1911年发表第二部长篇小说，小说中主要描写了工人家庭的姑娘珍妮的悲惨遭遇

▲西奥多·德莱塞

▲《珍妮姑娘》封面

罗曼·罗兰 （1866—1944）19 世纪末 20 世纪前期法国著名现实主义作家。生于法国中部的古老小城克拉姆西的一个中产阶级家庭，自幼喜爱音乐和文学。1886 年，考入著名的巴黎高等师范学校，毕业后又被送到法国设在罗马的考古学校当研究生。回国后，在巴黎高等师范学校和巴黎大学讲授音乐史，并从事文学创作。罗曼·罗兰主要作品有戏剧、小说和名人传记。1893—1898 年，创作了《信仰的悲剧》，包括《圣路易》、《艾尔特》和《理性的胜利》三个剧本。此后，又创作了以 18 世纪法国大革命为题材的革命剧：《群狼》(1898)、《丹东》(1899)、《七月十四日》(1902)。20 世纪的头十余年，是罗曼·罗兰创作高潮时期，他相继写出《贝多芬传》(1903)、《米开朗琪罗传》(1905)、《托尔斯泰传》(1911) 等名人传记，还创作了他最优秀的小说代表作《约翰·克利斯朵夫》(1904—1912)。在这部长达十卷的小说里，作家塑造了一个个人奋斗的知识分子的形象，反映了他们对帝国主义时代德国、法国黑暗腐朽社会的反抗，以及他们个人奋斗道路必然失败的悲剧。作者因这部小说获得 1915 年诺贝尔文学奖。20 世纪 20 年代，罗曼·罗兰写了《甘地传》、长篇小说《欣悦的灵魂》。1939 年，创作了著名的悲剧《罗伯斯庇尔》。

▲罗曼·罗兰

贝克特 （1906—1989）爱尔兰戏剧家、小说家。出生于爱尔兰都柏林市一个犹太人家庭。学生时代去巴黎游历时，遇到乔伊斯，当过他的秘书。1927 年从都柏林三一学院毕业，1928—1930 年在著名的巴黎高等师范学校担任英文讲师，并与人合作把乔伊斯的作品翻译成法文。20 世纪 30 年代曾回到都柏林工作。1938 年开始定居巴黎，德军占领巴黎期间，曾参加抵抗运动，后因组织暴露隐居乡下，写了长篇小说《瓦特》。1945 年以后改用法文写作，1946 年至 50 年代初是创作的高峰期，主要作品是 1952 年创作的两幕剧《等待戈多》，主要情节是两个流浪汉在荒凉的乡间土路上无聊地等待戈多的情景，至于戈多是谁，为什么要等他，剧中都未作交代。该剧揭示了人类在荒谬宇宙中的尴尬处境，被视为荒诞派戏剧中最有代表性的作品。此外，还写了长篇小说《马洛伊》(1951)、《马洛纳

◀图为《贝多芬传》中的一幅插图（贝多芬之墓），《贝多芬传》是罗曼·罗兰 20 世纪初写出的

之死》(1951)和《无名的人》(1953)。其中，《马洛伊》曾被一些评论家称为20世纪的杰作之一。1969年获诺贝尔文学奖，获奖原因主要是“他那具有新奇形式的小说和戏剧作品使现代人从精神贫困中得到振奋”，并且他的戏剧“具有希腊悲剧的净化作用”。

▲徐悲鸿画笔下的泰戈尔

泰戈尔 （1861—1941）印度著名诗人、作家、艺术家和社会活动家。1913年获诺贝尔文学奖。生于加尔各答市的一个富有哲学和文学艺术修养的家庭，13岁即能创作长诗和颂歌体诗集。1878年赴英国留学，1880年回国专门从事文学活动。1884—1911年担任梵社秘书，20年代创办国际大学。1941年写作控诉英国殖民统治和相信祖国必将获得独立解放的著名遗言《文明的危机》。泰戈尔是具有巨大世界影响的作家。他共写了50多部诗集，被称为“东方诗哲”。写了12部中长篇小说，100多篇短篇小说，20多部剧本及大量文学、哲学、政治论著，并创作了1500多幅画，谱写了难以统计的歌曲。文、史、哲、艺、政、经范畴几乎无所不包，无所不精。他的作品反映了印度人民在帝国主义和封建种姓制度压迫下要求改变自己命运的强烈愿望，描写了他们不屈不挠的反抗斗争，充满了鲜明的爱国主义和民主主义精神，同时又富有民族风格和民族特色，具有很高的艺术价值，深受人民群众喜爱。其重要诗作有诗集《故事诗集》（1900）、《吉檀迦利》（1910）、《新月集》（1913）、《飞鸟集》（1916）、《边缘集》（1938）、《生辰集》（1941）；重要小说有短篇《还债》（1891）、《弃绝》（1893）、《素芭》（1893）、《人是活着，还是死了？》（1892）、《摩诃摩耶》（1892）、《太阳与乌云》（1894），中篇《四个人》（1916），长篇《沉船》（1906）、《戈拉》（1910）、《家庭与世界》（1916）、《两姐妹》（1932）；重要剧作有《顽固堡垒》（1911）、《摩克多塔拉》（1925）、《人红夹竹桃》（1926）；重要散文有《死亡的贸易》（1881）、《中国的谈话》（1924）、《俄罗斯书简》（1931）等。他的作品早在1915年就已被介绍到中国，1961年出版了10卷本的《泰戈尔作品集》，2000年出版了24卷本《泰戈尔全集》。

▼纪念泰戈尔的邮票

艺术的高度发展

毕加索 （1881—1973）最有影响的西班牙艺术家。其艺术富有创造性，作品数量惊人，风格技巧多样化（油画、素描、雕塑、拼贴、陶瓷及其他）。1937年为抗议德国纳粹空军滥炸西班牙北部巴斯克人故都格尔尼卡，创作了巨幅油画《格尔尼卡》。他画的《和平鸽》被1949年在巴黎召开的世界和平大会用作会徽。

▲毕加索

毕加索出生于西班牙南部小镇马拉加一个教师家庭，15岁随父母迁居巴塞罗那。在巴塞罗那，他曾进入当地美术学校学习，其间一度赴马德里求学，但不久便返回巴塞罗那。

他的作品因其不同特色可以分成不同的创作时期。1900—1903年，是毕加索创作的蓝色时期，这一时期，他采用低沉、不明朗的蓝色调表现充满着孤寂、荒凉和悲怆的情绪，画中的人物多半是贫困者、残疾人、病人、老人和孤独者。1903—1905年，粉红色时期。这一时期，他的作品中出现了柔和的淡黄褐色或粉红色，对象大都是演员、江湖艺人、丑角等。1904年，他来到巴黎定居下来，艺术日趋成熟。

▼青年毕加索，他是西班牙最有影响的一位艺术家，出生于西班牙南部小镇马拉加一个教师家庭

1907年以后，他的创作风格进入立体主义时期，这一年，他创作了《亚威农少女》，其中大胆地抛弃了西方传统绘画的造型法则，向文艺复兴以来确立的审美法则挑战，画中没有任何情节，没有具体的环境描写，在一个画面上（主要在右边两个妇女的造型上）表现正面、侧面和斜切面，追求一种结构的美。这幅画被认为是立体主义的开端。1908—1909年，是分解的立体主义阶段；1911—1914年，是综合的立体主义阶段。所

▲《亚威农少女》，这是毕加索在1907年创作的，画中没有任何情节，没有具体的环境描写，在一个画面上（主要在右边两个妇女的造型上）表现正面、侧面和斜切面，追求一种结构的美

▼《格尔尼卡》，这是毕加索站在共和国一边，创作的壁画《格尔尼卡》，这幅画以半写实的象征性手法和单纯的黑、白、灰三色组成低沉的调子，渲染悲剧性的气氛，充分表现了战争带给人类的灾难

谓分解的立体主义就是在不破坏绘画平面性、不模仿客观物象表面的情况下，同时描绘出一个物象的几个方面，就像我们从不同的视点去看一个物象一样，从而能创造出一种能界定量感与其间关系的绘画语言。分解的立体主义排斥装饰性的阿拉伯图案和明亮的色彩。但是，在综合的立体主义阶段，色彩重新被重视，出现灰色、黄绿色和淡黄色之间的色调，实物（如藤椅座位的一部分或报纸的标题）被引进画面，并采用拼贴法，如《静物和藤椅》等。

▲石版画《和平鸽》

1915 年以后，毕加索的作品风格转向新古典主义，在严谨的造型中，用夸张的手法表达宏伟磅礴的气势。20 世纪 20 年代中期以后，他又对超现实主义感兴趣，这时期，他笔下的人物往往是极端扭曲和不安的。30 年代初期，他创作了不少《宫女》作品，基本都是裸体女人像，色彩强烈，他还画了不少有关斗牛的画。西班牙内战时期，他站在共和国一边，创作了壁画《格尔尼卡》，这幅画以半写实的象征性手法和单纯的黑、白、灰三色组成低沉的调子，渲染悲剧性的气氛，充分表现了战争带给人类的灾难。

▲《手捧和平鸽的孩子》，这是毕加索的代表作之一，体现了当时人们都渴望着实际的和平

1944 年，毕加索参加了法国共产党。战后，创作了描绘法西斯集中营内饿殍的大幅油画《尸骨存放所》，表达了对法西斯兽行和黑暗势力的愤怒谴责。20 世纪 50 年代创作了反映美国侵略朝鲜事件的油画《朝鲜的屠杀》等作品。

1973 年 4 月 8 日，毕加索在法国小城穆缉去世，享年 92 岁。他一生共创作各类美术作品五万多件。他的私人收藏品，包括他本人和朋友的作品，都捐赠给法国政府，法国政府在巴黎建有毕加索博物馆，供人参观。

萨尔瓦多·达利 （1904—1989）西班牙超现实主义绘画大师。他自己就是个

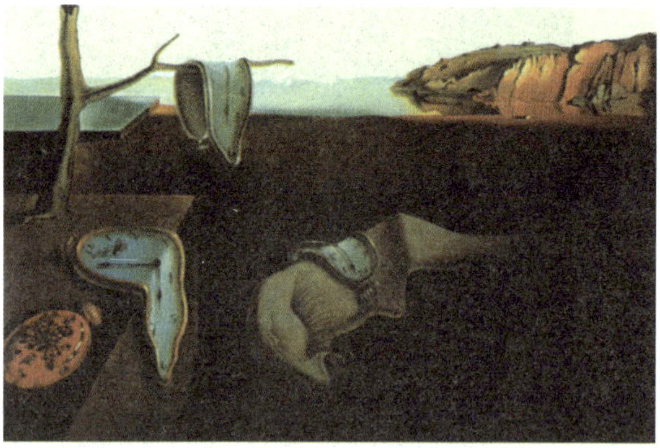

▲《记忆的永恒》(1931)软化了原本坚硬的钟表，让它耷拉在树上和桌边，而那只老怀表上画家小时候熟悉的蚂蚁却只只清晰可辨，这也是超现实主义的艺术表现

怪诞不经、超凡脱俗的人。7岁便自称是伟大的拿破仑；闹学潮被国王亲自开除学籍；与大他8岁的有夫之妇加拉私奔，在小渔村利加港一间租来的4平方米的小屋安身。他那两撇钢叉一样上翘的胡子也让人难忘。他像个狂人那样去作画，让作品从幻觉中涌出来。他的笔下，充斥着种种奇形怪状的形象组合和故事情节，纠缠着为理性所控制的人对自己欲望的惶恐，以及欲望与压抑的矛盾和斗争，表现凶残的梦幻或奇特的宁静气氛。他的画面构思离奇，爱的嚎叫、性的显示、迷幻的情欲、虚幻的宗教、血腥的暴力、扭曲的人性、错位的时间，笼罩着一层神秘、恐怖、如幻似真又令人惊愕、有时甚至唤起某种崇高感的纱幕，而其局部形象往往画得极其精细逼真。他的《记忆的永恒》(1931)软化了原本坚硬的钟表，让它耷拉在树上和桌边，而那只老怀表上画家小时候熟悉的蚂蚁却只只清晰可辨。《内战的预感》(1936)、《利加港的圣母》(1949)、《丽达与鹅》(1949)、《纳尔西斯之变形》、《哥伦布之梦》等，都是他的著名作品。

爵士乐 即爵士音乐(Jazz)。爵士乐最早来自非洲音乐。非洲音乐随着黑人奴隶一起传入北美，成为北美黑人奴隶的一种主要音乐形式。非洲音乐受到欧洲音乐的影响，产生了许多音乐形式，如布鲁斯和拉格泰姆等音乐形式。19世纪末20世纪初，在美国的新奥尔良一带，黑人小型铜管乐队演奏布鲁斯和拉格泰姆等乐曲为舞蹈伴奏时，产生了最初的爵士乐，当时人们称它为“新奥尔良爵士”。20世纪初，以爵士乐为代表的流行音乐作为一种独立的形式逐渐发展成熟。早期爵士乐是即兴之作，多用鼓敲出节拍分明的节奏，

▶美国南部爵士乐队的宣传画，19世纪末20世纪初，在美国的新奥尔良一带，黑人小型铜管乐队演奏布鲁斯和拉格泰姆等乐曲为舞蹈伴奏时，产生了最初的爵士乐，当时人们称它为“新奥尔良爵士”

▲摇滚之王艾维斯，他曾主演过一系列票房价值极高的电影，这是他 1956 年的影片《温柔的爱》中的剧照

小号吹出优美而有摇摆感的旋律，喧闹、狂热，这种令人兴奋的不协和音乐很快传播开来。那时的爵士乐师都不识谱，他们凭着良好的音乐素质、听觉和记忆来熟悉基本曲调及其和声结构，以此为主题作即兴变奏。这种节奏一个接一个，变化无穷，可以充分发挥爵士音乐家的聪明才智和创造力。即使后来爵士乐必须按谱演奏时，乐谱也只是记录乐曲的基本轮廓。1917 年前后，白人也开始演奏爵士乐。此后，爵士乐在芝加哥、纽约一带得到进一步的发展，出现了一批著名的爵士音乐家如阿姆斯特朗，他被誉为“美国爵士乐的化身”。在此期间，爵士乐风行美国，并流传到世界许多国家。爵士乐作为 20 世纪最流行的一种音乐形式，不仅影响了其他流行音乐形式，也影响了严肃音乐的创作。

摇滚乐 20 世纪 50 年代后半期开始在美国兴起的一种大众音乐形式。20 世纪以后，在黑人音乐布鲁斯的基础上，吸取爵士乐的舞蹈节奏等因素，人们发展了一种新的布鲁斯音乐——节奏布鲁斯。50 年代，人们又在节奏布鲁斯的基础上发展了摇滚乐。摇滚乐强调持续不断的两拍子的节奏型，充满青春活力，深受青少年的欢迎，很快流行开来，迅速传遍欧美，进而风靡世界。

比尔 · 海利 (1925—1981) 融爵士乐于乡村音乐创作的《围着时钟摇吧》(1955) 是第一首流行摇滚乐。摇滚乐歌手“猫王”艾维斯 · 普莱斯利 (1935—1977) 以《令人心碎的旅店》(1956) 一举成为歌迷的偶像，称雄歌坛 20 年。60 年代出现了许多摇滚乐队。英国的“甲壳虫乐队”在 1963 年登上了皇家剧院的舞台。70 年代中期兴起的迪斯科舞蹈是在美国黑人民间舞蹈的基础上杂糅进印第安舞和西班牙舞的动作形成的，既可表演又能自娱，速度欢快、节奏强烈的舞蹈音乐迅疾疯狂了全世界的年轻人。

▼图为 1997 年影电《泰坦尼克号》男女主角出席金球奖的颁奖典礼，该片不仅创下了空前的票房纪录，图中的男女主角也深刻地印在全球影迷的心中

电影艺术 19 世纪末的科技浪潮，为电影艺术的问世提供了坚实的物质基础。1895 年，爱迪生和路易 · 卢米埃尔几乎同时在美国和法国发明了能拍摄和放映活动影片的机器，翌年底，电影已经完全脱离实验阶段，与观众见面。进入 20 世纪后，电影成为最具有时代

▲图为《卡萨布兰卡》海报，1942 年，美国电影《卡萨布兰卡》上演，并获得了巨大的成就

特色的艺术。

20 世纪前半期，西方电影事业的发展大体经历了形成期和成熟期两个时期。1927 年以前是形成期，电影经历了由短片到长片，从单镜头到多镜头剪接，并形成视觉语言的过程。第一次世界大战以前，西欧的艺术电影略占优势，尤以法国较为突出。大战爆发后，未遭战火摧残的美国电影迅速发展，逐渐形成自己的优势地位，并沿着剧情电影的方向发展。大战结束后的 10 年内，美国影片在世界各国占着上映节目的 60% ～ 90%。在西方电影的成熟期，电影技术有两个很重要的突破。1926 年 8 月，华纳兄弟制片公司推出世界上第一部音画同步的配乐影片《唐璜》，不过只有音乐，没有对白。翌年 10 月，该公司又推出阿兰·克劳斯兰德摄制的《爵士歌王》，这部影片插入了道白和歌唱。这些标志着电影事业进入了有声电影时代。1935 年，美国彩色电影《浮华世界》问世，又标志着彩色电影时代的来临。自此，电影具备了画面、声音和色彩三大元素。之后的数十年西方电影业不断发展，许多影片风靡世界，造成全球观影热潮，如著名的《泰坦尼克号》。

在西方电影史上，存在着写实主义和技术主义两个传统。写实主义者主张到现实的场景中去，一般不搞完整的电影剧本，强调在拍摄中随时发现戏剧性元素，重视演员的即兴灵感的作用和自然流露的情感，反对演员的刻意表演。他们不重视电影的娱乐价值，否定主观的教育和宣传意图。技术主义者则把娱乐观众、进行某种教育和宣传作为制片的目的，把技术或技巧放在重要地位。他们主张精心编写剧本，在摄影棚里采用貌似真实的布景和演员的刻意表演，充分利用蒙太奇等手段，给观众制造出完美的生活幻觉，唤起观众热爱、痛恨、赞成、反对、快乐、痛苦等强烈情感。这两个传统各具特色，但又互相交叉，优秀的电影作品往往融合两者的长处。

▶世界影星玛丽·梦露在她最后的电影《乱点鸳鸯谱》中的造型